중국 드라마(영화)에 빠져서

한일 인기 블로거 파랑새 통신국

중국 드라마(영화)에 빠져서

오연자 지음

진달래 출판사

한국에서 태어나서 자랐습니다.
2023년 현재 일본에서 살고 있습니다.
책 읽기를 좋아하고 생텍쥐페리의 소설
"어린 왕자"의 팬입니다.
한국을 비롯하여 일본, 중국, 태국 등의
영화며 드라마를 즐겨 보고
특히 사랑 이야기를 좋아합니다.
일본 순정 만화를 읽기 위해
시작한 일본어 공부를 시작으로
지금은 성경을 원어로 읽기 위해
히브리어, 그리스어를 공부하고 있습니다.

목 차

영화 감상

중국 드라마에 빠져서

이야기를 좋아했던 엄마의 피를 이어받은 탓인지 형제들이 모두 책읽기를 좋아합니다.

활자 중독이라고 말하는 여동생도 그렇지만 영화나 드라마에 빠져 지내는 언니도 그렇습니다.

그렇지만 실익을 겸하기보다는 언제나 무료한 시간을 메우기 위한 즐기기 위한 독서와 드라마 감상이 대부분입니다.

문제와 고민이 있을 때면 더욱더 드라마나 영화로 현실도피를 하곤 합니다.

한참 일본 드라마에 빠져서 지내다가 요즘은 중국 드라마를 즐기고 있습니다.

내 귀에는 전부 똑같은 중국어로 들리지만 대만 드라마며 중국 드라마로 나누어지는 모양입니다.

중국 대륙에서는 문맹 퇴치를 이유로 간체자라는 문자 혁명을 했습니다.

그래서 중국 대륙에서 만들어진 영화나 드라마를 보면 눈에 익숙하지 않은 너무나 생략되고 변형된 한자가 자막에 쓰여 지고 있습니다.

그리고 중국에서 만들어지는 드라마나 영화 작품은 모두 더빙을 합니다.

모든 배우들의 음성을 더빙하기에 중국어를 모르는 한국인이며 서양 배우까지 중국 드라마에 출연할 수가 있다고 하는 내용을 읽었습니다.

가끔씩 눈에 익은 한국 탤런트가 주연급으로 출연하는데 언어 문제가 해결되기에 일어날 수 있는 상황입니다.

내가 처음에 접했던 중국 드라마는 대부분 대만에서 만들어진 드라마였습니다.

일본 만화를 원작으로 한 드라마가 많고 드라마의 전개가 유치하며 설정이며 진행 사항이 논리에 맞지 않는 점이 많은 게 개인적으로 느낀 소감입니다. 그렇지만 그런 코믹하고 유치한 내용을 좋아하는 사람들과 출연 배우에 관한 개인적인 팬들이 많아 댓글도 많습니다.

그에 비하여 중국 본토에서 만들어진 드라마는 조금은 어둡고 우울하며 진지한 느낌의 내용이 많습니다.

행복한 결말을 원하는 시청자들을 위해 마지막에는 억지로라도 그런 결말로 매듭짓는 한국 드라마와는 어떤 중국 드라마는 출연하는 주연급 출연자들이 대부분 죽는 내용이었습니다.

살아남은 단 한 사람의 탤런트가 중이 되어 절에서 인생 무상을 읊으며 목탁을 두드리는 내용을 보며 허탄한 심정과 함께 드라마의 바탕 사상이 무섭다는 생각을 했습니다.

드라마 감상

삼생삼세십리도화

"친애적번역관"에 나왔던 양미가 주연을 맡은 드라마입니다.

사극이며 무협 영화나 드라마를 별로 좋아하지 않는 데 이 드라마는 너무 재미있게 보고 있습니다.

신선들이며 도사며 폐관 수련이며 겁이며 오래전 오빠덕분에 보게 된 무협지에서 보았던 말들이 등장하고 도술을 하고 환생도 하며 환상적인 세계와 내용이 두 남녀의 애틋한 사랑 이야기와 함께 박진감 있게 전개됩니다.

한 여자를 지독히 사랑하는 남자주인공의 삶의 모습을 보며 저런 사랑을 하는 남자가 과연 현실 속에도 있을까하는 생각을 하게 됩니다.

원작 소설을 쓴 사람은 그런 사랑을 꿈꾸면서 이 글을 썼겠지요?

그렇지만 이런 사랑은 저자의 상상 속에서나 가능한 일이겠지요?

드라마를 보면서 그런 사랑을 꿈꾸는 많은 여인들에게는 더욱 더 현실과의 괴리를 느끼게 하는 원인을 제공하는 것은 아닐까하는 생각을 합니다.

회수를 더해가면서 주인공 예화와 백천의 사랑을 끊임없이 방해하는 현녀와 소금, 두 여인의 수단과 방법을 가리지 않은 행동을 보며 사랑이라는 탈을 써도 그 것이 결국 자신만의 이익을 위할 때 인간이 얼마나 악하게 바뀔 수 있는 지를 실감하게 됩니다.

자신이 사랑하는 사람의 행복을 기대하고 바라며 소망하게 되는 것이 진정한 사랑이 아닐까요?

자신이 원하기에 상대방의 마음이나 생각을 무시하고 자신의 것으로 만들기 위해 자신의 사랑을 이루기 위해 벌이는 음모와 수단으로 설사 그 사랑을 얻는 다 해도 진정 행복할까요?

결국은 상대방까지 불행하게 하고 자신까지 망치게 되는 것 같습니다.

남자에게는 어쩌면 인생의 한 부분에 불과할 지도 모르는 사랑 그렇지만 여자에게 있어서는 인생의 전부가 될 지도 모르는 게 사랑입니다.

지금 이 순간에도 이루지 못 한 사랑 때문에 아파하는 사람이 있다면 받아들여지지 못 한 짝사랑에 슬퍼하는 사람이 있다면 부디 그 마음에 위로와 평강이 함께 하길 바라는 마음입니다.

너무 아픈 기억이 많아 망각수가 있다면 마시고 잊기를 바라는 사람이 있을 지도 모릅니다.

그러나 어떤 현자의 말처럼 "이 또한 지나가리라" 부디 또 다른 사랑을 향해 달려 나가길 바랍니다.

완미선생화차부다소저

위철명, 서약함이라는 처음으로 알게 된 남녀 연기자가 너무 잘 어울리는 연애 드라마입니다.
우연히 유튜브에 올려진 영상을 보고 클릭했다가 영어 자막을 읽기 위해 영어 사전을 열심히 찾아가며 보고 있습니다.
드라마는 대학교 수학 교수와 그 대학 졸업생이 어쩔 수 없는 사정으로 계약 결혼을 하고 같이 지내게 되면서 사랑에 빠지는 내용입니다.
수학과 계산, 논리로 삶을 살아가는 대학 교수와 정 많고 친절하며 감성으로 판단하며 살아가는 여주인공이 여명이 1년정 도밖에 남지 않은 남주인공의 할아버지의 소원을 들어드리기 위해 계약 결혼을 하게 됩니다.
남녀 주인공과 여주인공의 언니와 남주인공의 친구, 여주인공의 남녀 절친등 세 쌍의 사랑이 드라마 전개와 함께 동시에 진행됩니다.
음모와 술수, 인간의 추악한 모습을 사실적으로 그리는 막장적인 요소가 거의 없기에 보면서도 마음이 편하고 미남, 미녀가 그려내는 달콤하고 조금은 웃음을 자아내는 엉뚱한 전개가 눈을 즐겁게 합니다. 드라마에 뺏기는 시간은 아깝지만 영어 공부를 겸하고 있다고 위로를 해야 할는지...

아적린거수불착

한국어 제목은 "내 이웃은 불면증"입니다.

이 드라마는 불면증을 가진 피아니스트 시송(석송)이 남자 주인공입니다.

두 달 뒤에 열리는 공연을 앞두고 불면증으로 힘든 나날을 보내는 천재 피아노 연주가와 우연히 그 옆집에서 휴가를 보내게 된 연애 소설가 지망생 쑹미도(송미도)의 사랑이야기입니다.

중국 드라마의 출연자들의 이름을 적을 때마다 곤란을 겪습니다.

한자를 우리나라 발음으로 기록해야 하는지 중국식으로 적어야 하는 지 여전히 혼란을 겪고 있습니다.

이등박문으로 기억하고 있던 일본인의 이름을 일본에서 부르는 이토오 히로부미로 기록을 하고 있지만 표기법도 제대로 통일이 되지 않고 유명하지 않은 사람들의 이름은 제대로 부르기도 힘들어 이것도 문제가 많습니다.

이 드라마에서는 불면증이 극의 중요한 요소로 등장합니다.

불면증 때문에 잠을 이루지 못 해 밤중에까지 피아노를 치는 남자 주인공이 우연히 그 해결법을 찾게 됩니다.

여자 주인공과 같이 침대에서 자면 숙면을 취할
수 있다는 것입니다.

진짜로 이런 일이 있을 수 있는지는 모르겠지만
연애 드라마의 설정이기에 그로 인해 벌어지는 연
애 전개에 초점을 맞추고 있습니다.

현대인에게 있어서 불면증은 남의 일이 아니지 않
을까 하는 생각을 합니다.

나도 한 번 잠이 들면 밤에 몇 번이나 깨어나 화
장실을 가거나 잠이 안 와서 텔레비전을 보는 등
고충을 겪고 있기에 아침까지 불면증에 대한 고민
을 충분히 공감이 갑니다.

일요일 예배를 마치고 점심 식사를 하면서 불면증
에 대한 이야기로 한참 이야기의 꽃을 펼쳤습니
다.

6명이 앉아서 식사를 하는 데 5명이 다 불면증 환
자였습니다.

잠을 잘 수 없으니 마시고 있는 수면제를 몇 알
달라는 사람이 있는 가하면 거의 한 시간간격으로
잠이 깨어 잠잔 것 같지 않다는 사람이며 신경안
정제 등 12알의 정제를 처방받아 마시고 있는 사
람까지 여러 가지 증상의 사람이 있었습니다.

매일 12알의 정제를 마시면 건강한 사람까지 약물
중독이며 그 부작용으로 건강을 해치지 않을까하
는 생각이 들었습니다.

교도소를 출소하고 나서 아파트를 얻지 못 해
아파트를 얻을 수 있을 때까지 예배당 바닥에서
잠을 자고 있는 사람이 있습니다.
그 사람도 불면증 때문에 힘들다고 수면제를 찾기
에 예배당에서 자는 데 하나님께 잠 좀 잘 수 있
게 해달라고 기도를 하라며 권고했는데 말이 통하
지 않는 느낌이었습니다.
문명의 발달과 함께 점점 더 몸을 움직이지 않게
되고 복잡한 삶 속에서 정신이 안정을 잃고
밤과 낮을 분간 짓는 경계선까지 불분명해지면서
현대인의 삶은 끊임없이 쉼을 잃어가고 있습니다.
그로 인해 옛날에는 그렇게 문제가 되지 않던 수
면의 문제가 불면증이라는 질병으로 고정되고 심
해지면 우울증과 자살로까지 이어지는 시대가 되
었습니다.
하나님을 모르고 영의 안식을 잃어버리고 끊임없
이 문명의 이기와 발달로 편리함과 재미와 쾌락을
좇아 사는 삶이 이런 불면증과 우울증을 강화시키
는 것은 아닐까하는 생각을 하고 있습니다.
사랑하는 사람에게는 하나님께서 잠을 주신다는
데 잠을 자지 못 하는 사람들에게 부디 숙면을 허
락해주시길...

열화근교

"초요"에서 같이 공연했던 연기자가 남,여 주인공으로 출연하고 있습니다.

이 드라마는 곡만정, 곽교관, 황송, 등 개성 있는 연기자들의 연기와 긴박감 있고 긴장감 넘치는 사건 전개로 지루할 틈이 없이 내용이 전개되고 있습니다.

장편 드라마가 많은 중국 드라마는 대부분 지루하고 느린 전개이기에, 보다가 중단하고 최종회만 보고 끝내는 경우가 많습니다.

그런데 이 드라마는 처음부터 최종회까지 긴장감을 가지고 화면을 지켜보게 만듭니다.

각 회마다 격투 장면이 거의 빠짐없이 나오고 화면을 보면서 조마조마하고 속도감 있게 전개됩니다.

매번 칼과 총, 때로는 맨손 싸움하는 장면이 등장하며 끊임없이 사람들이 죽어 나갑니다.

이 드라마를 찍으면서 어쩌면 꽤 많은 사람들이 부상을 입지 않았을까 라는 생각이 듭니다.

여자가 남장을 하고 군인 양성 학교에 들어가 살아가는 과정이 드라마의 배경이 되고 있기에 언제 들통이 날까조마조마합니다.

그런데 매회 이렇게 차례차례 벌어지는 사건을 엮

어 놓을 수가 있는지 드라마 작가가 궁금해질 지
경입니다.

망한 왕조를 재건하려는 왕실 일원이며 호시탐탐
나라를 노리는 외세에도 자기 배를 채우기 바쁜
경찰, 군인, 정치가, 공무원에 이르기까지 부정부
패가 만연한 중국을 배경으로 애국심에 불타는 젊
은이들이 주인공입니다.

열화군교는 우리나라의 사관학교 비슷한 것 같습
니다.

재학 기간이 2년입니다.

이 남자 학교에 남장을 하고 입학한 여자가 주인
공입니다.

중국 드라마를 보면서 헷갈리는 게 이름입니다.

본명이 있고 직위에 따른 호칭과 평상시 부르는
이름도 따로 있습니다.

애칭과 같은 느낌인 모양인데 이것이 사람에 따라
달라지기도 합니다.

왜 굳이 여자가 남장까지 하며 사관학교에 들어왔
나 의아했더니 죽은 오빠를 기리는 뜻이 있었습니
다.

남장 여자를 다룬 드라마는 심심찮게 볼 수 있었
지만 남장이 어울리는 연기자는 거의 없었습니다.

그런데 처음으로 남장이 더 어울리는 연기자를 만
났습니다.

"초요"라는 드라마에서 남, 여 주인공으로 출연했던 백록과 허개라는 연기자가 여기서도 호흡을 맞추고 있습니다.

둘이 동갑이라고 나오는데 여자가 더 나이 들어 보입니다.

남장으로 살아가는 데 있어서 가장 큰 장애가

매달 여자들이 치러야 하는 생리인데 어떻게 잘 넘어갈 수 있는가가 가장 큰 의문입니다.

우리나라에 대한 역사도 잘 모른데 하물며 중국 역사는 말할 것도 없습니다. 이 드라마의 시대적 배경은 중화민국 말기인 것 같습니다.

정부와 관리들이 부패하고 일본이며 러시아 등 열강이 중국을 삼키기 위해 호시탐탐 노리고 있습니다.

그런데 부정부패한 관리들은 나라의 안위보다는 자신의 눈앞의 이익을 좇는데 눈이 멀어 있습니다.

결국 백성들의 삶만 날이 갈수록 힘들어지고

정의가 사라진 사회에서 생각이 깨어 있는 학생들이 시위를 하고 일본에 결탁한 세력에 맞서기위해 행동합니다.

자기 나라 중국을 노리는 일본에 맞서기위한 사관 생들의 활약은 대단하지만 결국 그들의 희생과 항쟁도 중국을 지키지는 못했습니다.

어느 나라나 망할 때는 결국 외세의 위협보다는 내부의 분열과 부패가 원인이었습니다.

이 드라마에서도 그 점이 여실히 그려집니다.

일본의 앞잡이 노릇을 하는 경찰과 관리, 무능한 정부, 깨어 있어 나라를 위해 나서지만 힘이 없는 학생들에 이르기까지 대한 제국 시대를 떠올리며 보았습니다.

결국 중국은 공산화되었고 오랫동안 독재와 탄압 속에 자유를 잃고 살게 되었습니다.

역사에서 일어난 사건은 늘 되풀이됩니다.

한국이 또다시 이런 비극의 전철을 밟아서는 안 되는데 한국의 정황이 낙관적이지만은 않기에 걱정과 우려가 앞서고 있습니다.

개성 있는 출연자들이 자신이 맡은 역을 대단히 잘 연기해서 드라마가 더 재미있습니다.

그 중에서 세 명이 특히 눈에 띕니다.

첫 번째가 곡만정역 연기자의 연기입니다.

남자주인공 고연진을 좋아해서 애교를 부리는 역을 비롯해서 여러 가지 장면과 상황을 아주 실감나게 소화해내고 있습니다.

두 번째는 남자 역을 해야 하는 여주인공입니다.

군인 학교이기에 격투 장면이며 체력을 사용해야 하는 장면도 많고 일본인들과의 싸움 장면도 많기에 꽤 고생을 하지 않았나 싶습니다.

여자 인것을 들키지 않으려고 오빠로 다니는 열화군교와 여동생이 다닌다는 여학교로 옷을 바꿔 입고 뛰어다니는 모습이 조금은 우습기도 하고 안쓰럽기도 했습니다.

세 번째는 남자주인공 고연진역을 하는 허개라는 연기자입니다.

여중인공을 놀리는 개구쟁이로 장난스런 연기를 너무 잘해서 드라마 "초요"에서의 무겁고 심각한 연기보다 훨씬 잘 어울립니다.

네 번째는 황승이란 연기자를 이 드라마를 통해 처음으로 알게 되었습니다.

선명하고 짙은 눈썹에 음영이 뚜렷한 얼굴로 촌스럽고 소박하면서도 순진한 촌놈 역할을 아주 그럴듯하게 연기하고 있습니다.

각기 배경이며 출신이 다른 젊은이들이 만나
우정을 나누고 생사를 건 고난을 통해가며
성장해가는 내용이 지루할 틈이 없이 이어지는 사건과 함께 정신없이 빠져들게 하는 드라마입니다.

결국 중국이란 나라는 오랜 왕조 체제가 무너지고 공산주의 국가가 되고 말았지만 침몰해 가는 나라를 어떻게든 살리고자 목숨을 내걸고 투쟁하고 싸웠던 젊은 학생들의 모습이 감동을 줍니다.

나라가 망하는 과정은 동서양이나 시대와 전혀 상관없이 비슷하다는 생각을 하게 됩니다.

결국 부정부패가 국력을 약화시키고 그것을 틈탄 외세의 침략과 개인과 집단의 탐욕이 멸망의 길을 가속화시킵니다.

그런 상태에서 깨어 있는 일부의 무리가 아무리 각성하고 노력해도 침몰하는 배를 일으켜 세우기에는 역부족입니다. 그런 상황까지 내몰리지 않도록 모두가 조심했어야 한다는 교훈을 얻습니다.

중심인물 중 황송과 이 문충의 죽음이 가장 인상에 남습니다.

입학 첫날부터 시비가 붙었던 황송과 이 문충은 죽음 앞에서 진정한 친구로 거듭난 느낌입니다.

이 문충에게 늘 괴롭힘을 당하던 황송이 결국 이 문충으로 인해 위험한 상황에 빠지고 이 문충을 구하고 죽게 됩니다.

황송의 죽음에 책임을 느끼고 꽃집 아가씨와의 사랑 앞에서 이 문충은 자신의 안전을 위해 부모와 도망가는 길이 아닌 황송의 복수를 하고 장렬하게 죽는 길을 선택합니다.

어쩌면 어리석고 헛되이 보이는 죽음이지만 겁쟁이로서 죽지 않고 열화군교의 학생으로서 자랑스러운 중국인으로서 죽는다는 식으로 드라마는 그의 죽음을 그럴듯하게 연출하고 있습니다.

중국 드라마에 끊임없이 되풀이되는 복수의 정당성과 필요성, 중국인의 가치관을 보고 있습니다.

아적애정불평범

"내 사랑은 평범하지 않다", "평범하지 않은 내 사랑"등으로 번역할 수 있는 이 드라마가 한국에서는 "조폭 와이프"라고 소개되었나 봅니다.

대만 드라마의 경우, 남, 여주인공을 비롯하여 출연진이 별로 마음에 들지 않고 연출도 너무 억지스럽고 유치한 것 같아서 보다가 그만 둔 경우가 많습니다.

1회부터 드라마는 조폭과 경찰의 몸싸움과 살인 사건으로 폭력과 긴장감 가득차고 속도감 있게 전개됩니다.

조폭 두목이자 이칭 그룹의 회장인 여주인공과 부하들에 의해 경찰인 남주인공이 동생처럼 아끼던 정보 제공자가 죽게 됩니다.

그 분노로 인해 복수를 꿈꾸며 남주인공이 경찰을 그만 두고 여주인공의 그룹의 비리를 찾고 일망타진하기 위해 여주인공에게 접근하게 됩니다.

그런데 복수의 대상인 여주인공은 교통사고로 인해 식물인간 상태로 혼수상태에 빠져 있고 쌍둥이 여동생이 미국에서 갑자기 불려 와서 언니의 대역을 하게 됩니다.

1인 2역을 하는 여주인공은 쌍둥이 여동생으로 전혀 다른 성격의 조폭 두목이자 그룹 회장인 언니의 역을 하면서 위험한 줄타기와 같은 나날이 시작됩니다.

아무리 얼굴이 똑같다고 해도 성격마저 똑같지는 않기에 남주인공은 강인하고 냉정한 언니와는 전혀 다르게 여리고 따뜻한 성격의 여동생을 바라보며 계속 의아해 합니다.

결국 남주인공에게 모든 사실이 드러나게 되는 데 아빠를 알지 못 하고 자란 쌍둥이 언니의 딸인 조카를 위해 남, 여 주인공은 엄마, 아빠의 역할을 하게 됩니다.

아빠는 외국에 산다는 엄마의 말을 듣고 자란 어린 조카가 친 아빠를 만났다며 기뻐하는 모습을 보고 차마 자신들이 친부모가 아니라는 사실을 말하지 못 한 것입니다.

친구들에게 아빠가 외국에 산다는 이야기를 할 때마다 친구들이 거짓말을 한다며 놀렸다는 말을 합니다.

이제는 정말로 아빠를 보여 줄 수 있다며 기뻐하는 어린 아이의 연기를 보며 마음이 아팠습니다.

한국이나 일본뿐만 아니라 대만도 똑같나 봅니다.

편모며 편부 슬하에서 자라는 아이들을 왕따 시키고 괴롭히는 아이들의 심리는 왜 그럴까요?

드라마의 장면을 바라보면서 내가 사는 아파트에 놀러왔던 초등학생 아들의 모습을 떠올렸습니다.

수업 참관일마다 다른 아이들은 엄마가 오는 데
자기는 아빠가 참석해서 아이들에게 왕따를 당했
다고 합니다.
그런 나날이 너무 힘들어서 왜 자기는 이런 가정
에 태어났나하며 자살을 몇 번이나 생각했다며
벽을 두들기며 통곡하며 울었습니다.
살아가다 보면 부모가 이혼을 하거나 사고나 질
병, 사건 등으로 부모를 사별하거나 가정이 깨지
거나 고아가 되는 경우도 있습니다.
누구도 원해서 홀어머니나 홀아버지와 살지는 않
습니다.
좋아서 고아가 된 사람도 없습니다.
자신의 잘못이 아닌 경우로 왕따를 당하고 괴롭힘
을 당해야 한다면 그 고통은 얼마나 클까요?
그들에게 있어서 그런 세상은 얼마나 살기 힘들까
요?
그 고통을 참지 못 해 실제로 자살을 선택한 경우
도 있을 것입니다.
다행이도 아들은 극단적인 선택 앞에서 살아남았
습니다.
아들을 지켜주신 하나님께 감사할 뿐입니다.
왕따라는 단어가 정착된 사회는 참으로 불행한 사
회입니다. 사람들을 따돌리고 괴롭히는 사회에서
사람들은 모두가 절대로 행복할 수는 없습니다.

초요

웹사이트에 실려 있던 웹 소설 "초요"를 재미있게 읽은 탓에 회수가 많아지면서 지루하고 늘어지는 드라마 전개며 원작과 다르게 전개되는 내용도 아쉬운 마음이 더합니다. 웹 소설을 보면서 상상했던 인물들을 어떤 연기자가 생생하게 연기하면서 그 느낌을 살려내는지가 드라마의 재미이기도 합니다.

구로비향이라는 중국 작가의 작품인 "초요"란 웹 소설은 번외편 까지 하면 총 82장이나 되는 장편 소설입니다.

웹 소설은 려진란과 초요의 사랑 이야기에 많은 초점이 맞추어져 있고 초요와 려진란의 관점에서 그려지면서 둘의 마음이 자세히 그려져 있습니다. 그래서 더욱 더 연애 소설 분위기가 나는 데 드라마에서는 주변의 많은 사람들과 사건을 그리느라 이야기가 분산되면서 그런 느낌이 많이 사라졌습니다.

이 웹 소설에는 몇 쌍의 연인들의 모습이 그려집니다.

마왕의 아들로 나오는 려진란과 마왕의 아들을 지키는 종족의 한 사람인 초요 금선 락명현과 그의 약혼녀 류 소야 금 지언과 류창령, 만로문의 서산

주인 사마용과 남월교의 첩자인 월주, 고함광과 심천금, 금천현과 로십칠, 각기 특색 있고 사연이 있는 6쌍의 연인들의 모습이 그려집니다.

모두 다 평탄하지 않은 과정을 통해 어렵게 행복을 찾게 된 연인도 있고 죽음으로 인해 그리움을 안고 살아가는 사람도 있고, 주변 사정으로 인해 오랜 사랑이 슬픈 이별로 끝난 사람도 있습니다.

소설의 첫 부분은 락명현으로 인한 이야기가 전개되고 중반 이후부터는 금천현의 마음속 사념이 낳은 "심마" 강무와의 사건이 그려집니다.

결국 마왕의 심마였다는 려진란과 강무 두 사람때문에 벌어지는 살육과 사건이 초요의 조금은 유치하고 속없는 것 같은 시점에서 재미있게 그려집니다. 특히 가슴이 찡해지며 울컥해졌던 내용은 남자 주인공 려진란을 그린 번외편입니다.

만로문의 서산주 사마용은 남월교의 첩자로 자신에게 접근한 월주를 사랑하게 됩니다. 그리고 월주도 죽여야 할 존재인 사마용을 사랑하게 됩니다. 그녀의 배신을 눈치 채고 남월교에서는 그녀를 감옥에 가두어 놓고 사마용을 유인합니다.

결국 사마용은 월주를 구하기 위해 갔다가 자신의 두 다리를 잃고 연인인 월주마저 목숨을 잃게 됩니다. 드라마에서는 사마용은 월주를 닮은 목각인형을 만들어 자신의 시중을 들게 합니다.

소설에서는 월주가 귀신이 되어 사마용의 주변에 남아 있습니다. 초요는 그 귀신의 존재를 알아채었지만 사마용은 전혀 볼 수가 없습니다.

나중에 려진란은 사마용에게 월주가 귀신이 되어 사마용의 주변에 남아 있다고 알려줍니다.

검총에서 죽은 초요를 그리워했던 자신의 마음을 떠올리며 월주의 존재가 주위에 있다는 사실 하나만으로 작은 잎사귀의 흔들림이며 사소한 모든 것에 상대방을 떠올릴 수 있는 희망을 안겨줍니다.

우리의 삶에는 좋든 싫든 이별은 반드시 찾아옵니다. 그리고 그 이별이 두 번 다시 만날 수 없는 죽음이라면 떠나버린 사람에 대한 그리움을 어떻게 달랠 수 있을까요? 어쩌면 언젠가 같이 본 영화를 다시 보면서, 같이 들었던 노래를 들으면서, 같이 걸었던 거리며 장소에서, 같이 먹었던 음식을 먹으면서, 우리는 그 사람을 기억하고 그리움을 달랠 수 있지 않을까요?

우리가 기억하고 있는 한 그 사람은 영원히 우리의 기억속에 살아 있습니다.

개인적으로는 로초요와 강무역 연기자가 인상적입니다. 강무는 금천현의 심마가 사람의 몸에 들어간 것으로 나옵니다. 사람이 가진 감정이 깊어지면서 그게 집착이 되고 그 감정이 쌓이면서 영적인 존재까지 갈 수 있다는 상상력이 대단합니다.

그렇지만 어쩌면 이 작가의 상상력이 상상력으로 끝나지는 않을지도 모른다는 생각을 하고 있습니다. 강무가 힘을 얻는 것이 사람들의 분노와 원망, 미움등 사람들이 감정적으로 폭발할 때 내뿜거나 마음속에 가득 찬 안 좋은 감정을 빨아들이는 장면이 대단히 인상적입니다.

사람을 미워하게 되고 그 미움이 쌓이게 되면 증오로 변하고 결국 마음속에서 살인을 저지르게 되고 불행이도 그게 행동으로 표출되는 경우도 있습니다. 소설을 비롯하여 만화, 영화, 드라마 등 창작 행위에 늘 필요한 게 영감입니다. 그 영감을 얻기 위해 담배를 피우거나 술을 마시고 마약을 하거나 악마에게 영혼을 파는 경우도 있다고 들었습니다. 깊은 영적인 교감 속에서 상상하기 어려운 창작력이 발휘됩니다. 텔레비전 화면을 바라보고 있기가 점점 더 어려울 정도로 지금의 세대가 만들어 내보내는 영상물은 음란하고 폭력적이며 선과는 멀어져가는 문장과 내용이 증가되어 가고 있습니다. 갈수록 악해져 가는 시대에 도덕이 죄에 대한 기준이 낮아져 가는 세상 속에서 거룩한 삶을 살아가는 것은 점점 더 어려워지겠지요? 문화라는 포장을 쓰고 다가오고 새로운 가치와 거기에 맞춰가면서 조금씩 물들어갈 수밖에 없는 현실이 안타깝고 두렵기만 합니다.

반시밀당반시상

"향밀침침신여상"이라는 드라마를 통해 좋아하게
된 연기자가 있습니다.
라운희입니다. 그가 출연한 "백발왕비"도 재미있게
보았는데 출연분량이 너무 적어 아쉬웠습니다.
그렇지만 초반 부분과 종반 부분에 나와서 자신의
목숨을 버리면서까지 여주인공을 사랑하는 역할이
아주 인상적으로 남아 있습니다.
늘 무협물이나 선협물로 밖에는 본 적이 없는데
처음으로 현대극 "반시밀당반시상"에서 라운희를
보고 있습니다.
"초요", "열화군교"에 출연한 백록이라는 연기자와
호흡을 맞춘 드라마입니다.
투자은행을 배경으로 벌어지는 일들과 함께
남,여 주인공의 사랑이야기가 전개됩니다.
어렸을적부터 같은 동네 이웃으로 자라온 둘은
고등학교때 여주인공이 전학을 가면서 헤어집니
다.
그리고 몇 년 후 여주인공이 남주인공이 근무하는
투자은행에 신입 사원으로 지원해 만나게 됩니다.
살벌한 전쟁터와 같은 직장에서 근무하는 것이
무리라고 판단한 남주인공은 최종 면접까지 올라
온 여주인공을 탈락시킵니다.

그것은 여주인공이 가지고 있는 "눈물 알레르기"때 문입니다.

드라마 중에는 극의 재미를 돋우기 위해서 여러 가지 질병의 이름이 등장합니다.

백혈병이며 심장병, 암, 자폐증에 이르기까지 평소 에는 잘 알 수 없었던 병에 대해 알게 되는 경우 가 자주 있습니다.

가끔은 그런 병을 취급하는 드라마를 통해 사람들 에게 골수 이식이나 장기이식의 필요성을 알리기 도 합니다.

이 드라마에 나오는 눈물 알레르기란 병은 들어 본 적도 없어서 검색을 해 보았습니다.

그랬더니 놀랍게도 희귀하지만 그런 환자가 존재 했습니다.

문명이 발달되고 환경 파괴와 오염이 심각해져 가 면서 난치병이며 새로운 병들이 나타나고 있습니 다. 스마트폰을 사용하게 되면서 안구건조증이 남 의 일이 아니게 되었습니다.

눈물이 분비되지 않아서 인공 눈물을 넣어야 하는 사람들이 있는가하면 눈물이 나오면 발진과 호흡 곤란을 일으키는 사람들이 있다는 사실이 참 아이 러니합니다.

남주인공은 어렸을 적 여주인공의 아버지로부터 여주인공의 눈물 알레르기에 대한 이야기와 함께 여주인공을 지켜주라는 부탁을 받습니다.

용돈까지 받아가며 그 일을 하는 남주인공의 성격과 방법은 미래의 투자은행의 불패의 신이라 불리게 된 별명을 얻게 하는 바탕이 된 것 같습니다.

그는 자신뿐만 아니라 친구들까지 동원해서 여주인공을 괴롭힙니다.

그 것은 어느 정도까지 힘들게 하면 눈물을 흘릴 것인가에 대한 통계와 분석을 하기 위해서입니다.

전혀 알지 못 하는 투자 은행에서 근무하는 사람들을 다룬 이야기라 돈놀이를 하기 위해 벌이는 머리싸움을 구경할 수도 있을 것 같습니다.

처음으로 현대극에서 양복을 입고 연기하는 라운희을 봅니다.

너무 말라서 정장이 커 보일 정도이지만 미남은 무얼 입어도 멋있습니다.

여주인공을 연기하는 백록이라는 배우도 좋아하는 연기자여서 드라마를 보며 행복한 나날을 보내고 있습니다.

표량서생

한국 드라마 "성균관 스캔들"을 표절했다는 말을 듣고 있는 드라마입니다.
여주인공이 남장을 하고 학당에 들어가서 겪는 이야기들이 "성균관 스캔들"과 아주 흡사합니다.
한국에서는 박민영과 박유천, 송중기등이 나왔는데 중국에서는 국정의, 송위룡, 필문군이란 연기자들이 출연합니다.
한국 사극도 좋아하지 않아서 아예 사극은 보지를 않고 지냈습니다.
재미있게 본 사극은 "성균관 스캔들"과 "해를 품은 달"정도입니다.
드라마를 다 보고나서 드라마의 원작 소설까지 빌려와서 독파했습니다.
문화 간의 교류가 별로 없고 교통이 발달되지 않은 상태에서는 표절이며 해적판 등 저작권이 있는 요즘에는 상상도 하지 못 할 많은 불법적인 일들이 자행되었습니다.
그런데 지금은 전 세계가 인터넷으로 연결되어 조금만 문제가 있어도 금방 표절이라고 문제시되고 들통이 나는 세상입니다.
그러기에 위법 행위가 어려워졌지만 중국에서는 여전히 그런 일들이 묵인되고 있나 봅니다.

어쨌든 말이 많은 모양인데 원작 소설이며 드라마가 재미있게 만들어졌기에 표절 말을 듣는 이 중국 드라마도 화려한 출연진과 함께 재미있습니다.

요즘은 한국뿐만 아니라 중국이나 일본 드라마나 영화도 재미있으면 판권을 사거나 계약을 하고 리메이크판을 만들어 내고 있습니다.

"장난스런 키스"며 "꽃보다 남자"등이 기억납니다.

똑같은 작품을 가지고 나라에 따라 출연진이 달라지고 극본과 연출, 의상이며 배경이 달라지면서 호불호며 인기까지 큰 차이를 보이고 있습니다.

드라마에 달린 댓글을 보면서 공감한 부분은 한국 드라마에서 박 민영은 남자라는 역할을 감당하기 위해 거의 색조 화장을 한 것 같지 않습니다.

그런데 중국 드라마에서는 여주인공이 화장을 진하게 하고 나옵니다.

"성균관 스캔들"에서도 다루어진 내용이지만 신분과 출생, 성별로 인해 날 때부터 모든 기회를 박탈당하여야만 하던 시대가 있었습니다.

그런데 그런 것에 대한 변화를 추구하고 외쳤던 사람들의 노력으로 인해 지금의 삶이 있습니다.

시대며 나라를 잘 타고 났다는 것만으로도 감사해야 할 것 같습니다.

지금은 당연하게 여기는 교육이며 선거, 직업 선택에 이르기까지 전혀 당연하지 않았던 시대에 선

각자들이며 깨어있던 사람들의 희생과 노력이 오랜 세월 뒤에 열매를 맺어 자손들인 우리가 그 혜택을 보고 있습니다.

얼마 전 설교를 통해 들었던 이야기가 생각납니다.

"감사하다, 고맙다"의 반대말이 무엇인지를 물었던 사람이 있습니다.

갑자원 고교 야구 선발전의 개회사였습니다.

설교를 들으며 그 대답이 무엇인지 고민하고 있었는데 그 대답은 "당연하다"였습니다.

그 대답을 두고두고 음미하면서 정말로 명답이라고 느껴졌습니다.

당연하다고 여기면 절대로 감사할 마음이 우러나지 않습니다.

코로나로 인해 완전히 변해버린 우리의 일상을 바라보며 모든 것이 당연한 것처럼 여겼던 삶이 얼마나 어리석었는지를 깨닫습니다.

당연한 것처럼 여겼던 하나하나의 일상이 정말로 감사해야 했던 순간이었습니다.

우리에게 주어진 모든 혜택과 시간은 절대로 당연한 것이 아닙니다.

그 모든 것 뒤에는 그 것을 위해 들여진 사람들의 수고와 노력이 있습니다. 그리고 가장 중요한 하나님의 은혜가 있음을 잊어서는 안 될 것입니다.

전문중적진천천

이 드라마의 여주인공은 드라마 대본 작가입니다.
자신이 쓴 대본이 드라마로 만들어지면서 촬영에
들어갑니다.
그런데 출연자인 남자 연기자로부터 드라마 내용
에 대해 불만이 들어옵니다.
그래서 부랴부랴 대본의 수정에 들어갑니다.
겨우겨우 작업이 끝나고 휴식을 취했는데 꿈을 꾸
게 됩니다.
이 꿈이 놀랍게도 자신이 쓴 드라마 대본의 세계
입니다.
그런데 하필이면 자신이 드라마 속 배역 중에서도
악역이자 단역으로 3회에서 독살되는 3공주가 되
어 있었습니다. 처음부터 끝까지 드라마의 전개
상황을 다 아는 그녀는 살아남기 위해 부랴부랴
드라마의 내용을 바꿉니다.
모든 내용을 알고 있기에 강구할 수 있는 수단과
방법을 동원해서 무사히 살아서 드라마가 끝나서
돌아갈 수 있기를 악전고투합니다.
자신이 창조한 인물인 3공주의 성격과 가치관이
아닌 작가인 자신의 본연의 성격대로 살아가기에
많은 변수가 발생하게 됩니다.
그리고 얼른 꿈에서 벗어나고 싶어서 시행착오를

일으키는 여주인공의 행동과 주변 인물들과 엮이면서 벌어지는 사건이 웃기면서도 즐겁게 전개되는 드라마입니다.

한동안 중국 드라마에서 시간 여행자에 대한 내용이 많았습니다.

그로 인해 문제가 벌어졌는지 시간 여행이 규제를 받게 되었습니다. 그래서 이런 식으로 연출을 한 모양입니다.

이 드라마 내용은 가벼운 분위기로 코믹하게 연출했습니다.

여주인공이 자신이 처한 꿈속 상황에 잘 대처하기 위해 이야기꾼들과의 대책 회의가 재미있습니다.

드라마 작가들의 고충과 대본 제작에 대한 흥미로운 이야기들을 들을 수 있습니다.

드라마나 소설, 영화를 쓰는 사람들은 어쩌면 창조주 하나님과 같은 경험을 할지도 모르겠습니다.

창작의 세계 속에서 그들은 신과 같습니다.

그들은 등장인물들 하나하나의 성격과 외모, 삶뿐만 아니라 수많은 사건을 통해 이야기를 풍부하게 엮어갑니다. 시대며 복식, 가치관에 따라 예의범절이며 생활양식도 다릅니다.

등장인물 중에서 더 정이 가는 인물이 있고 마음에 들지 않는 경우가 있습니다. 마음에 들지 않는 인물은 언제든지 도중하차도 가능합니다.

아희환니

금성무와 주동우가 출연한 영화 "희환니"를 드라마 화한 것이라고 합니다.

영화도 보았는데 전혀 기억이 나지 않습니다.

그런데 드라마는 매회 색색의 야채와 생선이며 고기 등 식재료가 등장하면서 보기에도 아름답고 먹기에도 맛있어 보이는 요리가 등장해서 볼 맛이 납니다.

평생 먹어 본 적도 없는 요리가 소개될 때마다 저절로 입 안에서 군침이 나옵니다.

요리사가 여주인공이라서 그런지 요리 장면이 늘 나옵니다.

주로 여주인공 고승남이 만든 요리를 남주인공 루신이 맛보는 내용입니다.

주역을 맡은 남자 연기자는 임우신입니다.

이 연기자의 작품을 전혀 본 적이 없어서 처음으로 보는 연기자입니다.

마른 체격의 근육질의 몸으로 매회 요리를 먹는 장면을 어떻게 찍었는지가 궁금해집니다.

이 드라마를 찍으면서 살이 찌지는 않았을까하는 생각도 듭니다.

드라마에 대해 검색해 보니 남, 여 주인공으로 나오는 연기자의 나이가 거의 20살 가까이 차이가 났습니다. 그런데 생각보다 어색해 보이지 않아서 놀랐습니다.

드라마에서 그려지는 여주인공은 천재 요리사인 것 같습니다.

그런데 그녀의 성격과 행동은 조금 불만입니다.

남주인공과 꼬이게 되는 계기가 친구가 당한 일에 대한 복수를 한다고 남자 주인공의 외제차 페라리를 손본 게 발단이 됩니다.

그런데 잘못 알고 엉뚱한 사람의 차에 분풀이를 한 것입니다.

개인적인 생각으로는 드라마를 찍는 데 페라리를 망가뜨리면 너무 돈이 많이 들까봐 밀가루투성이로 만들고 장난친 것으로 드라마에서는 연출된 것은 아닐까 여겨집니다.

대부분 남자 주인공이 여자 주인공 때문에 여러 가지로 당하는 장면이 많이 그려집니다.

할아버지 가게에서 손님과 싸우다가 병을 집어 던져 남자 주인공을 다치게 하기도 합니다.

페라리 사건이며 병을 던진다던가 하는 여주인공의 행동이 너무 생각이 없어 보이고 충동적이어서 거슬리는 부분도 있었지만 매회 두 연기자들의 연기가 아주 재미있습니다.

그리고 개인적으로 요리를 잘하는 여주인공의 모습을 보며 참 부럽다는 생각을 하고 있습니다.

금수남가

중국 역사를 잘 모르는데 송나라를 배경으로 전개됩니다.
조선 시대말기 안동 김씨처럼 인척 관계를 이용하여 병권과 재력을 손에 쥐고 조정의 왕까지 무시하는 신하가 육원입니다.
궁의 손태비의 조카로 그녀의 비호아래 나라를 주무르는 간신배입니다.
그의 권력과 힘은 왕으로 불려지는 황자들 앞에서도 안하무인입니다.
왕은 허울 좋은 이름뿐으로 모든 실권을 가진 것은 손태비의 가문입니다.
황제는 전혀 보이지 않고 명목상 나라를 다스리는 것은 사황자인 팽성왕인 것 같습니다.
간신 육원을 의식하여 사황자인 팽성왕은 일부러 몸에 해로운 약까지 복용하며 병을 가장합니다.
백성들은 무능한 왕을 비난하며 육원의 횡포에 속수무책인 나날을 보내고 있습니다.
거기에 육원과 개인적인 원한 관계가 있는 여주인공 려가 육원을 제거하는 시도를 합니다.
그러나 그 시도는 결국 실패로 돌아가고 자매처럼 훈련받았던 여인들도 모두 죽게 됩니다.
여주인공 려가도 육원과 부하들에게 쫓기게 되는

데 동생처럼 친하게 지냈던 여인의 팔찌로 인해 려가는 위험한 고비를 넘기게 됩니다.

팔찌의 진짜 주인은 어렸을 적에 유괴된 심장군의 외동딸이었습니다.

려가는 이 팔찌로 인해 새로운 신분을 얻게 되고 육원의 추적까지 피할 수 있게 됩니다.

"해를 품은 달"을 보고 처음으로 안 사실이 있습니다.

조선 시대 공주의 부마가 된 사람은 관리로서 출세하거나 관직에 등용될 수 없다는 사실입니다.

그러기에 권력을 노린 사람들은 왕비로 자신의 딸을 보내었습니다.

이씨 조선을 망하게 한 이유가 이런 인척으로 인한 세도 정치와 부패였습니다.

중국도 비슷한 사례가 많나 봅니다.

이 드라마에서는 자신의 친아들인 육황자 경릉왕에게 힘을 실어주기위해 자신의 친조카인 육원과 그 일파의 부정부패를 덮어주고 끊임없이 뒤에서 사황자 팽성왕을 견제하고 모든 일을 조종하는 손태비가 나옵니다.

개인의 욕심을 채우기 위해 겉으로는 다른 여인이 낳은 사황자인 팽성왕을 위하는 척 하면서 권모와 술수를 쓰며 권력을 손에 넣으려는 손태비의 모습이 너무 가증스러워 보입니다.

그런 어머니의 속내를 알지 못 하고 팽성왕을 위해 육원과 사사건건 부딪치는 경릉왕의 모습도 안타깝습니다.

신분 제도가 엄격하고 계급사회 속에서 살아야했던 사람들에게 있어서 권력을 가진 자가 어떤 사람인가에 따라 일생의 평안이 좌우되었습니다.

백성들은 궁중의 암투에 따른 정쟁으로 인한 혼란, 인척들의 횡포까지 더해져서 얼마나 힘든 삶을 살아야 했는지 조금은 알것도 같습니다.

나라의 기강을 살리고 인척과 간신의 손에서 정권을 되찾으려는 남주인공 팽성왕과 여주인공 려가의 활약이 어떻게 전개되는지 궁금해지는 드라마입니다.

개인적으로는 팽성왕역 연기자도 육원역 연기자도 처음으로 보는 연기자인데 둘 다 매력적이고 연기를 잘 해서 드라마가 흥미진진합니다.

월상중화

이 드라마의 대본을 누가 썼는지 궁금합니다.
거의 매회 출연자들의 입을 빌려 전해지는 대사를
통해 어떻게 삶을 살아야 하는지를 전해 줍니다.
드라마는 중화궁을 건설한 중엽을 아버지로 태어
난 여인 중설지가 여주인공입니다.
중엽은 결의형제를 맺은 임창연과 우문 옥반과 함
께 절세의 무공 비급 두 개를 만들어냅니다.
그러나 중엽은 이 무공을 연마하다가 주화 입마되
어 결의형제인 우문옥반을 비롯하여 강호의 많은
사람들을 죽이게 됩니다.
이성을 차리고 나서 자신이 저지른 끔찍한 결과를
알게 되고 그는 어린 딸을 남겨두고 자결을 합니
다.
세월이 흘러 중설지는 어여쁜 여인으로 자라게 됩
니다.
중화궁의 소궁주가 된 그녀는 아버지의 죽음이
후 기세가 쇠퇴된 중화궁을 재건하고 아버지의 죄
업을 갚기 위해 노력합니다.
아버지 중엽이 남긴 절세의 무공을 익힐 수 있는
무공 비급을 노리고 일어나는 사건들과 음모, 중
엽 손에 죽은 사람들로 인한 원한으로 여주인공
중설지의 여정은 파란만장합니다.

그런 사건이 펼쳐지는 가운데 중설지를 구하기 위해 나타난 사람이 월상곡 곡주이자 국사의 아들 상관투입니다.

그리고 둘의 사랑이 그려집니다.

드라마에서는 여주인공 중설지과 남주인공 상관투의 출생과 부모로 인해 그들이 겪는 고뇌와 힘든 여정이 많은 생각을 갖게 합니다.

누구도 자신의 출생에 있어서. 성별, 인종, 시대, 나라, 가족을 선택하지 못 하고 이 세상에 왔습니다.

여주인공 중설지는 잘 알지도 못 하는 아버지의 악행때문에 끊임없이 욕을 듣고 목숨의 위협을 받습니다.

가까운 사람은 중화궁의 대장로에서 우연히 목숨을 구해준 사냥꾼 부부에 이르기까지 끊임없이 아버지의 죄업을 듣게 되고 그 딸이라는 중압감을 가지고 살아갑니다.

아버지의 명성과 그늘이 커도 자식은 비교를 당하면서 스트레스를 받습니다.

반대로 손가락질 받는 악인의 자식은 그런 아버지를 대신해서 그 죄업에 대한 대가를 치러야하는 부조리도 함께 합니다.

단지 부모와 자식이라는 관계 때문에 어디까지 부모가 저지른 잘못을 자식이 책임져야할까요?

동화2분의1

매일처럼 중국 드라마를 보고 있지만 첫 회부터 마지막 회까지 본 드라마는 그렇게 많지 않습니다. 매년 끊임없이 드라마가 만들어지지만 좋아하는 연기자며 종류, 취향이 다르기에 선별하는 게 어려움이 많습니다.

지금까지 많은 중국 드라마를 보았지만 정신없이 빠져서 본 드라마는 과연 몇 편이 될까요?

중국 드라마 "동화 2분의 1"를 드디어 다 시청했습니다.

이 드라마는 내가 중국어를 공부하게 된 역사적인 계기가 되었습니다.

2015년 8월 18일부터 이 드라마를 보기 시작 했는데 최종회를 본 것은 2020년 9월 7일입니다.

한글 자막이 나오지 않아서 유튜브에서 중국어 자막을 들여다보다가 결국 "목마른 사람이 우물판다"고 중국어를 시작했습니다. 그러니 중국어 학습도 벌써 5년째로 접어들었습니다.

이 드라마를 통해 처음으로 이준혁이라는 한국인 연기자를 알게 되었습니다.

대만 출신 여배우인 장균녕이란 연기자가 조 정환, 정우라는 일란성 쌍둥이역을 잘 연기하고 소화해내었습니다.

두 사람이 같이 등장하는 장면은 아마 대역을 썼겠지요? 체격이나 머리 모양 등이 비슷한 누군가가 연기를 했겠지요? 얼굴이 전혀 나오지 않은 연기자가 누구일까 궁금해집니다.

처음은 두 함풍역의 이 준혁과 조 정우역의 장균녕이 주로 그려지면서 참 재미있었습니다.

그런데 중반부터 경기라는 남자 주인공이 출연하면서 삼각관계 구도와 회사를 차지하려는 음모와 내용 전개로 점점 더 재미가 없어졌습니다.

종반부분은 햇빛 알레르기를 앓던 쌍둥이 중 언니인 정환이 죽게 되면서 장균녕의 눈물 연기가 매회 방송되었습니다.

이란성이 아닌 일란성 쌍둥이인 경우는 외모가 너무 똑같기에 가족이라 해도 구분해 내기가 쉽지 않을 것입니다.

그렇지만 성격이나 행동은 다르기에 결국 얼굴은 같지만 다른 인격일 수밖에 없습니다.

재벌가의 손녀로 살아온 요조숙녀인 정환과 시골에서 평범하게 자유롭게 살아온 정우의 대조적인 매력 때문에 두 남자가 빠져드는 모습도 공감이 갔습니다.

정환이 자신의 삶을 회상하면서 주위 사람들을 행복하기 해주기 위해서 착한 사람으로 살고 그게 언제부터인가 편해졌다는 말이 참 안타까웠습니다.

부모님이 안 계시기에 회사를 떠맡아야 하는 책임
감과 늙은 할아버지를 보좌해야 하는 역할을 감수
하면서 살아갈 수밖에 없었던 그녀입니다.

소원을 적는 순간까지 사랑한 상대인 두함풍의 마
음을 염려하며 자신의 소원을 가슴속에 간직할 수
밖에 없었던 그녀가 24세라는 젊은 나이에 죽을
수밖에 없는 현실이

너무나 불공평하고 부조리하다고 여겨졌습니다.

주위에서도 너무나 착한 사람인데 인생이 잘 안
풀리고 힘든 상황이 계속되는 경우가 있습니다.

그런 상황을 지켜보면서 왜 그럴까 납득이 가지
않을 때가 있습니다.

부조리와 불공평, 불합리는 인류의 역사 중에
절대로 사라지지 않는 모순인 것 같습니다.

많은 드라마에서 이름도 알 수 없었던 여러 가지
질병의 이름이 등장합니다.

이 드라마를 통해 처음으로 햇빛 알레르기라는 병
을 알게 되었습니다. 알레르기를 일으키는 요인은
수없이 많다고 들었습니다.

햇볕에 타서 주근깨와 기미가 생기는 것을 걱정은
했지만 목숨까지 위협받는 사람이 있다는 사실을
보면서 평범한 하루하루가 얼마나 감사하고 행복
한 일인지를 다시 한 번 깨닫게 됩니다.

아재대리사당총물

전 22회의 드라마를 며칠만에 다 시청했습니다.
"내하보스요취아"라는 드라마를 보고 남자 주인공
으로 나온 서개빙이란 연기자의 출연작을 찾다가
이 드라마를 보게 된 것입니다.
이 드라마의 자막이 기다리고 기다려도 나오질 않
았는데 몇 년 만에 드디어 한글 자막을 발견해서
오랜 소원을 풀었습니다.
이 드라마는 현대에서 시간 이동을 한 음양사 류
샤오란이란 여대생과 과거 시대에 사는 대리사 관
리인(?) 칭모옌과의 사랑 이야기입니다.
음양사라는 말을 일본 영화며 중국 드라마에서 가
끔씩 접하고 있습니다.
우리나라의 무당이나 무녀와 같은 존재일까요?
아무튼 부적을 만들고 주문을 외워서 요물을 제압
합니다.
여주인공은 원래 어혼묘라(?)는 고양이였는데
이 고양이가 루샤오란이란 여자가 된 것입니다.
남주인공은 칭모옌으로 고독이라는 병을 가지고
태어났습니다.
그리고 병이 발작할 때마다 극한 고통을 받습니
다. 어느 날 루샤오란은 현대에서 과거로 우연히
시간 이동을 하게 됩니다.

그런데 깨어나 보니 인간이 아닌 고양이가 되어 있었습니다.

드라마에서는 여주인공이 고양이의 습성을 가지고 행동하는 것으로 그려지는데 연기자가 연기를 잘 해서 위화감없이 어울립니다.

여주인공의 귀엽고 애교 있는 행동과 말투가 무뚝뚝하지만 잘생긴 남자 연기자와 조화를 이뤄서 보는 재미가 있습니다.

이 드라마의 주제가를 남자 주인공으로 나온 서개빙이 불렀는데 목소리까지 부드럽고 달콤한 느낌입니다.

우리나라 옛날이야기에도 여우가 둔갑 한다던가 곰이 여자가 된 단군 설화도 있지만 별로 드라마로는 많이 만들어지지 않습니다.

그런데 중국 드라마는 이런 소재를 가지고 이렇게나 많은 드라마를 만들어낼 수 있다는 게 놀랍습니다.

이 드라마에서는 여주인공과 삼각관계인 칭모옌과 태자가 같은 병인 고독으로 고통을 받습니다.

원인은 고왕이라는 존재입니다.

고왕을 처치하기 위해서 어혼묘인 류샤오란이 필요한 데 여기에서 여주인공의 갈등이 시작됩니다.

숙주가 된 고왕을 처치하기 위해서는 사랑하는 칭모옌을 자신의 손으로 죽여야 하기 때문입니다.

삼천아살

요즘 재미있게 보고 있는 중국 드라마는 "삼천아살"입니다. "삼생삼세침상서"가 끝나고 보기 시작한 드라마입니다.

신선과 요괴, 인간계를 배경으로 영등의 심지였다가 신선이 된 부구운이 남자 주인공, 요괴 때문에 멸망당한 려국의 공주 연연이 여자 주인공입니다.

영등을 밝히는 심지며 사물을 비치는 거울이 신선이 되는 세계를 그려낸 작가의 상상력이 놀랍기만 합니다.

여주인공역인 려국 공주 연연으로는 조로사라는 연기자가 맡았습니다.

"최동적청사"며 "천뢰일부지춘하추월"에 출연한 연기자입니다.

첫 회에서는 여주인공역인 공주의 시녀역이였습니다. 다른 드라마에서 주역을 맡았던 연기자가 왜 시녀역으로 나오나 의아했는데 결국 여주인공이 시녀의 용모로 살아간다는 설정이었습니다.

공주역 연기자는 신인인지 여러 드라마에서 단역이며 조연으로 자주 출연하고 있습니다.

개인적으로는 첫 회의 인상이 강렬해서 이 연기자가 계속 여주인공으로 출연하는 게 더 어울렸을 것 같습니다.

재상의 반역으로 인해 황제인 아버지와 황후, 황자인 오라버니마저 몰살을 당한 공주가 복수에 눈을 뜨고 고뇌하는 연기가 조로사보다는 훨씬 더 잘 어울리기 때문입니다.

눈밭위에서 새빨간 의상을 입고 비장한 얼굴로 커다란 북을 두드리는 모습이 대단히 강렬합니다. 거기에 비해 나중에 공주가 변신하는 시녀 역 연기자인 조로사는 깊이 있는 연기보다는 밝고 가볍고 아름다운 느낌이 더 강합니다.

사부의 그림 속 여인을 천년을 기다렸다는 신선 부구운이 천년 후 려국 공주로 태어나 다시 불행한 삶을 살게 된 여주인공을 천명을 어기고 살리면서 벌어지는 드라마입니다.

나라가 망하고 난민이 된 백성들, 그리고 죽임당한 가족들에 대한 복수를 꿈꾸는 여주인공 려국 공주는 시녀였던 아만의 모습으로 담천이란 이름으로 살아가게 됩니다.

그런 그녀에게 부구운은 그냥 평범하게 살자며 계속 부탁을 합니다.

그러나 여주인공은 그런 그의 말을 끝끝내 거절합니다.

과거에 얽매이고 미래 때문에 현재를 살지 못 하는 여주인공, 그런 여주인공의 모습에 안타까워하면서도 계속 여주인공을 도와주는 남주인공의 모습이 너무 무겁지 않고 알콩달콩하게 가볍게 그려집니다. 신선의 세계에 가서 영등이라는 물건을 훔치기 위해 려국 공주인 담천은 필요에 의해 혼인을 하게 됩니다.

그 상대역인 바보 이맹으로 나오는 연기자의 연기가 대단합니다.

어리석은 바보 역을 천연덕스럽게 잘 해냅니다.

이 드라마를 보면서 계속 의문에 잠기는 것은 려국이란 나라에서 황제도 두려워할 병권과 실력을 가진 재상이 왜 굳이 나라를 팔아넘기는 지가 납득이 되지 않습니다.

그로 인해 사랑했던 려국 공주인 여주인공과 재상의 아들 좌자진 두 연인이 비참하게 헤어지게 됩니다.

여주인공은 복수로 자신의 사랑을 끊어내고 재상의 아들은 아버지로 인해 두 눈과 사랑을 잃고 그 여인을 잊지 못 해 비탄에 잠기는 삶을 살아가게 됩니다.

누구에게나 사랑받던 철부지 공주가 하루아침에 나라와 가족, 백성까지도 잃고 단지 복수를 위해 자신의 인생이며 평범한 삶까지도 희생하게 됩니다.

그런 여인을 사랑하기에 끊임없이 복수에 대한 부질없음과 현재의 삶을 평범한 여인의 삶을 권유하는 남자의 애닳은 사랑이 그려지는 드라마입니다.
어떤 목적을 위해 현재의 삶을 희생하는 것이 얼마나 어리석은가를 전해주는 게 이 드라마의 메시지이지 않을까요?

언제까지나 과거에 연연해서 메어 지내는 것은 현재와 미래까지도 망치는 것은 아닐까 하는 생각을 하고 있습니다.

망국에 대한 원한을 삶의 원동력으로 살아온 여주인공은 자신의 목숨을 걸고 영등과 피의 계약을 맺습니다.

요괴를 전부 없애는 게 그녀의 삶의 목표입니다.

평범한 여인의 삶을 포기하고 단지 복수만을 위해 달려가는 그녀를 보며 늘 안타까워하는 게 신선 부구운입니다.

연연이 현재의 삶을 즐기며 행복하게 살기를 바라는 그의 소원은 그녀가 행복하다면 자신의 목숨을 바칠 정도로 지극한 사랑을 합니다.

부구운과 연연의 사랑도 대단하지만 좌자진과 현주의 사랑도 안타깝습니다.

여주인공인 려국의 공주인 연연이 사랑했던 사람입니다.

그렇지만 자신이 사랑했던 좌자진의 아버지인 좌재상이 나라를 망하게 했다고 생각합니다.

그래서 연연은 좌자진에 대한 사랑을 끊어내고 복

수의 일념으로 자신을 구하러 온 좌자진에게 칼을 들이댑니다.

사랑하는 사람 연연을 구하러 왔다가 그녀의 칼에 맞아 장님이 된 좌자진을 헌신적으로 보살피는 여인이 현주입니다.

제후의 딸인 현주는 늘 려국의 황제의 딸인 연연과 자신을 비교하고 자신을 돌아보지 않는 좌자진을 향해 끝없는 사랑을 보냅니다.

그러나 좌자진은 현주의 사랑을 외면합니다.

두 사람의 사랑은 끝없이 엇갈립니다.

그런 두 사람을 보며 천원국 이황자 정연은 좌자진에게 사내로서 결단하고 행동할 것을 충고합니다. 연연에 대한 오랜 사랑을 접고 현주와의 사랑을 위해 다가서는 좌자진, 그러나 오랜 외면과 열등감 때문에 현주는 그 사랑을 믿지 못합니다.

복수 때문에 결국 영등을 밝히게 되고 복수는 성공하게 됩니다.

그러나 부구운은 영등의 심지로서 타서 혼비백산하게 됩니다.

영등의 계약 때문에 연연을 대신해서 현주도 죽음을 당하게 되고 결국 좌자진과 현주의 사랑도 연연과 부구운의 사랑도 비극으로 끝납니다.

과거는 아무리 바꾸려고 해도 절대로 바꿀 수 없습니다.

미래는 늘 불확실합니다.
우리에게 확실한 것은 지금 현재 이 순간뿐입니다.
그러나 우리는 늘 내일이 올 것이라는 것을
은연중에 확신하면서 살아갑니다.
그러기에 현재를 절실한 마음으로 살아가지 않습니다.
그렇지만 오늘이 삶의 마지막이라면 어떤 마음으로 살아갈까요?
사랑할 수 있을 때 그 사랑을 표현해야 하지 않을까요?
같이 있을 수 있을 때 그 시간을 더 즐겁게 보낼 때, 후회를 최소한으로 줄일 수 있을 것입니다.

경여년

"경여년"은 3차 시리즈를 예상하고 만들고 있다는
데 지금 1차 시리즈가 방영되고 있습니다.

20여편을 보고 있는데도 놀랍게도 회마다 일명 고
구마 구간이 없어 지루한 느낌 없이 볼 수 있습니
다.

이 드라마에 주연으로 나온 남자 연기자는 장약윤
이라는 배우인데 그가 출연한 드라마로는 "구주천
공성"을 보았습니다.

중국 드라마에서 자주 등장하는 시간 여행을 검열
기관의 규제를 피하기 위해 현대의 기억을 가진
채 과거에 태어난 것으로 그리고 있다고 어떤 블
로그에서 읽었습니다.

줄거리를 좇으며 정신없이 본 내용 중에서 가장
인상 깊었던 내용은 신분 계급 제도가 없는 현대
에서 살아온 남자주인공 범한이 호위인 등재형의
죽음으로 말미암아 어머니의 유지를 이어받게 되
는 과정입니다.

평등한 사회를 만들고 싶었다는 어머니는 음모로
인해 살해당합니다.

그렇지만 주인공 범한은 단지 행복하게 살고 싶다
며 현실에 안주하려고 합니다.

친형처럼 따르고 친했던 등재형이 자신을 구하고

죽었을 때 신분 사회에서 살아 온 사람들은 단지 호위 한 명 죽었는데 그러느냐는 반응을 합니다.

그것을 보면서 신분이 아닌 모든 사람의 생명이 평등하고 귀하다며 세상을 바꾸고 싶어 했던 어머니의 목표와 이상에 공감하게 됩니다.

범한을 죽이러 왔다가 새로운 삶을 살게 된 등재형은 범한 덕분에 가족들을 만나게 되고 범한과 의형제와 같은 사이가 됩니다.

위험한 경도를 떠나 가족들과 평화로운 삶을 살고 싶었던 등재형은 결국 범한을 지키기 위해 경도에 남게 됩니다.

범한의 호위로 곁에 있으면서도 늘 가족들을 위해 목숨을 바친다며 위험한 상황에 처하면 자신은 도망치겠다고 했던 등재형이지만 주인공을 살리기 위해 자객과 싸우다 목숨을 잃습니다.

등재형역의 연기자는 여기서 처음 보는 연기자이지만 참 매력적입니다. 그는 입버릇처럼 목숨을 바쳐서라도 지키고 싶은 사람이 없다면 삶은 무가치하지 않느냐는 말을 했습니다.

귀중한 가치를 위해 목숨까지 바칠 수 있는 등재형의 삶도 멋있지만 평등한 사회를 꿈꾸며 살았던 범한의 어머니의 삶도 흥미를 자아내게 합니다.

음모와 술수가 난무하는 계급 사회에서 황궁까지 연관된 내용 전개는 흥미진진한 드라마입니다.

삼생삼세침상서

중국 드라마에 빠져 지내게 되면서 많은 드라마를 접하고 있습니다.

현대극만을 보던 내가 몇 편의 사극덕분에 이제는 현대극보다는 사극과 무협, 선협물을 더 선호하게 되었습니다.

많은 중국 드라마가 만들어지고 있어 어떤 드라마를 보아야 하는 지 선택하기도 시작하기도 쉽지 않습니다.

1편을 시청해도 결국 2편으로 연결되지 않고 포기한 드라마도 많습니다.

보기 시작했어도 드라마의 취향이며 배역이 마음에 들지 않아 끝까지 완주하는 드라마가 많지 않습니다.

그런데 50편이 넘는 긴 드라마를 처음부터 끝까지 다 보고 재, 삼탕까지 하게 된 첫 드라마가 "삼생삼세십리도화"입니다.

많은 중국 드라마 중에서 가장 재미있게 본 드라마라 할 수 있을 것입니다.

요즘은 그 삼생삼세시리즈의 2탄이라 할 수 있는 동화 제군과 백봉구의 사랑 이야기를 그린 "삼생삼세침상서"에 빠져 있습니다.

방영중인 드라마는 업로드를 기다리는 게 감질나

서 종영 드라마를 우선적으로 보는 데 "삼생삼세 침상서"가 올려져 있어서 무심코 클릭했다가 기다리는 곤욕을 치루고 있습니다.

다음 회차가 자주 올라오지를 않아서 결국 기다리다 못 해 유튜브에 올려진 드라마를 전자 사전을 두들기며 영어 자막으로 후편을 시청하고 있습니다.

그런데 영어 자막을 볼 때마다 실감하지만 여전히 영어 어휘가 부족합니다.

그리고 영어 자막이 빨리 지나가서 보통 속도로는 자막을 읽기가 힘들어 아예 속도를 0.75로 조정해서 보고 있습니다.

삼생삼세십리도화는 한글로 번역되어 나온 책도 몇 번이나 읽었는데 책이며 드라마에서 그려지는 동화 제군과 백봉구의 이야기가 "삼생삼세침상서"에는 조금 다르게 그려지는 것 같습니다.

소설도 나온 것 같은 데 "삼생삼세침상서"는 아직 읽지를 않아서 드라마와 비교는 할 수 없지만 "삼생삼세십리도화"보다는 훨씬 더 두 주인공의 사랑 이야기에 중점을 두고 제작된 느낌입니다.

삼생삼세십리도화는 야화와 백천이 주인공이지만 동화 제군과 백봉구의 사랑도 꽤 비중 있게 다루어졌습니다.

그런데 "삼생삼세침상서"에서는 야화와 백천은 거

의 등장하지 않습니다.

대신에 사명과 성옥이 꽤 많은 비중을 차지하며 출연하고 있습니다.

삼생삼세십리도화보다는 훨씬 더 컴퓨터 그래픽이 화려해서 볼 만합니다.

경제적으로 풍부해진 중국에서 드라마며 영화 제작에도 외국 인력을 동원해서 기술도 배우고 제작 환경도 좋아지면서 비약적으로 발전된 영화나 드라마를 선보이고 있습니다. 삼생삼세십리도화의 배역진을 기억하고 있기에 삼생삼세침상서의 배역을 보며 또 다른 재미를 느껴가고 있습니다.

드라마에서 사명으로 나오던 연기자가 참 매력적으로 느껴졌는데 삼생삼세침상서에서는 비중이 높아졌습니다.

바꿔진 배역 중에서 개인적으로는 성옥역을 맡은 연기자가 참 마음에 듭니다.

청구의 사랑받는 귀한 공주 백봉구가 자신의 목숨을 구해준 동화 제군이라는 신선을 사랑하게 되어 겪게 되는 여정이 참 험난하고 힘들어서 안타까운 마음도 듭니다. 고모였던 백천은 힘든 시기도 있었지만 절절히 사랑해 준 야화의 사랑이 있어 그렇게 애닲은 생각은 별로 없었습니다. 그에 비해 조카인 백봉구는 보답 받지 못 한 사랑을 너무 오랫동안 하는 것 같습니다.

만만, 희환니

통칭 학원물 연애 드라마입니다.

"최호적아문"이며 "홀이금하"등에서 그려지는 것처럼 성적이 나쁘고 공부 못 하는 여학생이 공부 잘하고 인기 있는 남학생으로부터 공부를 배우고 성장해 가면서 사랑하는 내용입니다.

중국인들은 그런 유형의 사랑 이야기를 좋아하는지 비슷한 내용의 학원물이 은근히 많이 만들어지고 있는 것 같습니다.

또한 남녀 주인공의 키 차이가 너무나 많이 나서 중국에서는 키 큰 남자와 키가 작은 여자 커플을 선호하나 싶은 생각도 들고 있습니다.

"만만, 희환니"도 구샤오만이라는 여고생이 병원 원장 아들이자 잘생기고 공부를 잘 하는 주오안이라는 남학생을 좋아합니다.

그렇지만 자신이 없어서 고백을 하지는 못 합니다.

주오안도 구샤오만을 좋아하는 데 주위 사람들은 둘이 서로 좋아하는 눈치를 다 채고 있는데도 둘 다 상대방이 자신을 좋아하지 않는다고 생각을 합니다.

드라마를 보면서 구샤오만은 자신감이 없어서 그럴 수도 있겠지만 주오안은 왜 그렇게 생각하는지 잘 알 수가 없습니다.

어쨌든 좋아하는 주오안과 헤어지기 싫어서 구샤
오만은 교통사고로 돌아가신 어머니의 최후를 지
켜보면서 생긴 트라우마 때문에 피를 보면 무서워
서 기절을 하면서도 의과 대학을 지원합니다.

그리고 주오안의 도움을 받고 피나게 노력해서 주
오안과 함께 같은 의과 대학에 들어갑니다.

좋아하는 사람과 같이 있기 위해 이토록 힘써서
성적을 올리고 결국 의과 대학에 합격하는 구샤오
만의 의지와 끈기는 놀랍기만 합니다.

사랑은 이토록 놀라운 기적과 같은 일을 일으킬
수도 있나 봅니다.

고등학교 시절에도 의과 대학에 가서도 해부 실험
때며 또 다른 문제로 여주인공이 늘 곤란을 겪을
때마다 남주인공인 주오안이 구샤오만을 도와줍니
다.

어쨌든 둘이 서로의 마음을 고백하고 행복하게 맺
어졌으면 하는 마음으로 드라마를 보고 있습니다.

봉래간

한참 재미있게 보았던 드라마 "봉래간"을 드디어
다 보았습니다, 35부작 드라마를 지루하다는 생
각을 하지 않은 채 완주했습니다.
내용도 재미있었지만 출연진의 외모가 마음에 들
어서 계속 볼 수가 있었던 것 같습니다.
남, 여 주인공이며 조연으로 나오는 양첸역과 아
리역, 악역인 상관렌에 이르기까지 미남 배우가
많이 등장합니다.
영물 치료하는 과정에서 나오는 출연자도 모두 한
미모 하는 사람들이 나옵니다.
"미인은 보는 사람의 눈을 즐겁게한다"라는 말을
실감하고 있습니다.
드라마 첫 부분에 음악과 함께 나오는 설명에서도
언급하고 있지만 사람의 집념이 결국 어떻게 그
사람을 끌고 가는가를 철학적으로 표현하고 있습
니다.
드라마는 판타지물로 봉래라는 은하계의 한 별에
서 온 우주선이 지구에 떨어지면서 우주선이 산산
조각이 나서 흩어졌습니다.
그 우주선은 옥석으로 되어있어 그 파편을 손에
넣은 사람은 신기한 힘을 소유하게 됩니다.
그러나 잘못되게 사용하거나 집착에 빠지게 되면

이성을 잃어버리고 나중에는 결국 악령이 되어버립니다.

이 우주선 파편을 손에 넣어 신기한 힘을 소유하게 된 사람을 이 드라마에서는 영물로 표현합니다.

그리고 그 영물이 된 사람들로부터 신기한 힘 봉래 파워를 회수하는 임무를 띤 존재가 천병입니다.

천병은 봉래라는 별의 주민입니다.

이 드라마의 주인공은 봉래 파워를 손에 넣었다가 영물이 된 인간이었습니다.

그런 그가 자신의 힘을 회수하려고 온 천병과 사랑에 빠집니다.

그리고 그 천병은 자신의 목숨을 희생하며 인간인 남자를 살립니다.

살아남은 남자는 자신과 같이 봉래 파워에 사로잡혀 점점 이성을 잃어 가는 사람들로부터 그 힘을 회수하고 본래의 인간으로 돌아가게 하는 치료사가 됩니다. 그가 바이치 선생이라 불리우는 영물 치료사입니다.

드라마는 영물을 치료하는 의사인 바이치가 때로는 의뢰를 받아서 아니면 여러 가지 인연으로 만나게 된 영물을 치료하는 과정에서 그들이 영물이 되기까지의 원인이 된 사람들의 사연을 그리고 있습니다.

그리고 바이치를 살리고 죽은 천병의 환생인 것도 같은 린샤와의 만남으로 드라마는 시작됩니다.

천병이 남기고 간 도원향의 꽃을 피울 수 있는 능력때문에 바이치와 린샤와의 동거가 시작됩니다.

집착이 인간을 영물로 변화시킨다는 생각은 인간이 가진 욕심과 집념이 결국 인간을 인간이 아닌 존재로 변화시킨다는 메시지가 포함되어 있습니다.

돈에 대한 과한 집착이 인간을 수전노로 만들어 상상할 수 없는 비상식적인 행동까지 저지르게 합니다.

중용이란 말처럼 모든 것은 과하면 절대로 좋지 않습니다.

어떤 사물이든 생각이든 그 것에 대한 과도한 집착이나 생각은 결국 삶을 피폐하게 만드는 원인이 되기도 합니다. 그 생각이나 행동에 묶여서 현재를 진지하게 살 수 없기 때문입니다.

잊어야 할 것은 잊어야 하고 떠나보내야 할 것은 떠나보내야 하고 받아들여야 할 것은 받아들여야 합니다.

어떤 상황이든 그 것을 그대로 받아들이고 때로는 자신의 잘못까지도 용서할 때 평화로운 마음으로 살아갈 수 있습니다.

바닥에 쏟아진 물을 다시 담을 수 없듯이 우리 인생에서도 수 많은 돌이키고 싶은 순간이 있습니다.

한 번 일어난 일은 되돌이킬수 없습니다.

그 결과를 절대로 바꿀 수 없습니다.

아무리 연연해도 돌이킬 수 없습니다.

그렇기 때문에 늘 진지하고 숙고해서 행동해야 할 것입니다.

후회로 남지 않도록 선택의 기로에서는 더욱 더 신중해야 할 것입니다.

한 마디 말, 하나의 행동, 머릿속에 스쳐 지나가는 생각까지도 자신이 통제할 수 있을 때에는 늘 적극적이고 낙관적인 선택을 해야 할 것입니다.

다른 많은 선협 드라마나 궁중 드라마와 같이 비극적인 결말로 드라마가 마감되지 않아 후유증이 없어 다행입니다.

처음에는 50회 분량의 드라마를 찍었다는 데 중국 정부의 관리국으로부터 칼질을 당해 36회로 줄었다는 내용의 글을 어떤 블로그에서 읽었습니다.

최종회는 린샤가 떠난 뒤의 사람들의 모습과 신년회 모임을 다루고 있었습니다.

영물로 지내다가 바이치에게 치료받아서 평범한 인간이 되었거나 천병이었다가 인간으로서 살아가게 된 린샤와 바이치와 관계가 깊었던 사람들이

모여서 신년을 축하하는 자리였습니다.

중국 음식점에서 자주 보는 둥그런 탁자에 둘러앉아 음식을 먹고 마시며 각자 옆에는 자신의 소중한 사람이 앉아 있었습니다.

결혼을 한 사람도 있고 자신의 자리에서 꾸준히 삶을 이어가는 사람도 있었습니다.

진료소에서 의사로 지내며 린샤를 그리워하는 주인공 바이치도 있었습니다.

아마도 어쩌면 매년 신년회 때마다 모여서 서로의 안부를 묻고 함께 시간을 보냈을 그들에게 바이치가 건배를 하면서 건네는 말이 인상적이었습니다.

"첫째는 건강을 잘 챙겨라, 둘째는 옆 사람을 소중히 여겨라"

여주인공 린샤가 떠난 지 5년이 흘렀다고 화면을 전하고 있습니다.

다들 사랑하는 사람과 함께 앉아 음식을 먹고 마실 때 언제 돌아올지 모르는 린샤를 그리워하며 내뱉는 말이기에 더 무게가 있었습니다.

나이가 들면서 친구들로부터 보내오는 안부 인사도 늘 건강 잘 챙기라는 말입니다.

건강을 잃으면 모든 것을 잃는다는 말처럼 몸이 아프면 정말로 삶의 질이 떨어집니다.

건강하기에 삶의 순간순간이 더 즐겁고 행복합니다.

아픈 곳이 있으면 자신도 모르게 찡그리게 되고 표정이 굳어집니다.

참으로 건강의 중요성을 더 실감하게 되는 요즘입니다.

또 하나는 자신의 옆에 있는 가족이나 사랑하는 사람들에게 잘하라는 것입니다.

"있을 때 잘해"라는 노래 가사가 전국을 휩쓸 정도로 인기가 있었던 적이 있습니다.

늘 같이 있으면 그 사람에 대해서 별로 귀중함을 느끼지 못 하게 됩니다.

그 사람이 떠난 뒤에 그 사람에 대한 귀중함을 깨닫게 됩니다.

코로나 바이러스로 인해 전 세계에서 매일 사망자가 늘어가고 있습니다.

환자로 들어왔다 어느 순간 차디찬 시체로 변해버린 사람들, 그런 사람들이 너무 많아 가족들이 사라져 버린 어머니의 사체를 찾아서 1주일을 찾아다니는 비극까지 생기고 있습니다.

하루아침에 코로나에 걸려 괴로워하다 차디찬 시체로 변해 버린 사람들이 있습니다.

그들의 죽음도 안타깝지만 사랑하는 사람이 죽었는 데도 그 죽음을 슬퍼하며 장례를 치르고 슬픔을 나눌 수 없는 사람들이 더 안타깝기만 합니다.

신석연

중국 드라마를 좋아해서 여러 가지 보고 있습니다. 그렇지만, 보기 시작해서 중간에 그만 둔 드라마가 더 많습니다.

"신석연"은 재미있어서 최종회까지 감상할 만한 가치가 있습니다.

전쟁의 신 구신과 도림의 신선인 영석과의 파란만장한 사랑 이야기입니다.

영석은 태어날 때부터 평탄치 않은 환경에서 죽을 뻔한 운명을 구신이 살려줍니다.

그리고 5 만년 뒤에는 장생해에서 잠들어 있던 구신을 영석이 다시 살려내게 됩니다.

신선의 세계와 인간계, 마족과 산령족 등 무협 세계의 용어와 세계가 펼쳐지면서 이야기는 사랑 이야기와 함께 드라마를 재미있게 하는 촉매제와 같은 주변인물의 이야기도 전개됩니다.

인간계로 겁을 겪으러 간 영석을 보호하러 간 구신과 경휴 국사와의 삼각관계를 그린 내용은 유치하면서도 웃겨서 웃음을 자아내게 했습니다.

천존의 두 제자인 구신과 운풍 두 신선의 사랑은 전혀 다른 기질과 성격에도 불구하고 사랑하는 상대방을 구하기위해 자신의 목숨까지도 주저하지 않는 헌신과 전력 질주하는 사랑은 한결같습니다.

사랑이 큰 뼈대가 되고 있지만 여기에서는 선과 악에 대한 고찰도 그려집니다.

자신의 의지와 선택과는 상관없이 미기를 몸에 지 녔다는 사실 하나로 죽어야만 하는 운명에 처해야 만 했던 여주인공 영석입니다.

그러나 그런 여주인공과는 반대로 자신의 욕심과 잘못된 마음가짐 때문에 끝까지 잘못된 길을 걷게 되는 천족의 여장군 원동이 있습니다.

첫 번째의 잘못된 선택이 안 좋은 결과를 낳게 되 고 그로인해 발생된 불행 때문에 또 다른 잘못된 연쇄 작용이 일어납니다.

문제가 잘못 될 때마다 원동은 늘 남의 탓을 하고 자기 변명을 합니다.

그로인해 그녀는 축복된 인생에서 결국 파멸의 길 을 걷게 됩니다.

수많은 선택의 기로에서 그녀는 자신의 잘못을 되 돌리고 새롭게 출발할 수 있었습니다.

그러나 그녀는 자신을 돌아보기 보다는 늘 남에게 잘못을 돌렸습니다.

그런 그녀와는 반대로 어렵고 힘든 상황에서 어쩌 면 자신의 운명에 절망하고 다른 사람을 미워하고 원망할 수 있었을지도 모를 여주인공 영석이 있습 니다.

그렇지만 어떤 상황에서도 영석은 늘 선량하게 행

동했고 다른 사람이나 심지어 동물에게까지 자비와 사랑을 실천했습니다.

어쩌면 영석이 지게 된 무거운 비극의 씨는 산령족의 국주이자 외할아버지가 되는 원도의 탓이기도 합니다.

다행이도 영석은 그런 외할아버지의 피를 이어받았음에도 어머니인 영월처럼 선하게 살았습니다.

이 드라마를 보면서 선과 악에 대해서 깊이 있게 생각해 보고 있습니다.

인간에게 있어서 절대선과 절대악은 존재하지 않는지도 모릅니다.

악인도 삶의 기로에서 끊임없이 선한 선택을 하게 될 때 그의 삶은 바꿔지고 선인도 자신의 선택으로 인해 악인의 길을 걷게 될 수도 있습니다.

삶의 순간순간에서 자신이 한 선택의 결과가 인생을 결정지어가게 됨을 깨닫습니다.

미미일소혼경성

양양, 정쌍 그리고 다른 미남, 미녀 연기자들까지 이 드라마의 출연진은 화려합니다.

대부분 드라마의 주역이 되었던 사람들이 조연급으로 출연하고 있습니다.

미남, 미녀의 두 주인공과 함께 출연진들이 대부분 한미모하는 사람들이라서 보는 재미가 있습니다.

그런데 여주인공역으로 나오는 정쌍은 너무 말라서 보기에 안스러울 정도입니다.

경대라는 대학교를 배경으로 컴퓨터과에 재학 중인 남녀대학생이 현실과 게임 세계에서 서로 만나게 되어 사랑하게 되는 과정을 그리고 있습니다.

특이한 점은 현대와 게임 세계를 같이 연기하기에 현대 의상과 게임 속 의상이며 머리 모양 그리고 컴퓨터 그래픽으로 그려내는 환상적인 무대며 풍경을 즐길 수 있습니다.

꽤 오래전 게임 중독에 빠져서 지낸 시절이 있어 내 속에 숨어 있는 중독 성향을 깨닫고 지금은 아예 게임 자체를 멀리 하고 있습니다.

그렇기에 요즘 사람들이 하는 게임에 대해서는 문외한입니다.

그런 내가 이 드라마를 통해 놀랍도록 발전한 온

라인 게임 현장을 간접 체험하고 있습니다.

롤플레잉 게임을 즐겨 했지만 초창기 시절 경험자이기에 지금과 같은 형태의 접속해서 같이 대화를 나누고 협력해서 적을 물리치거나 문제를 해결해 나가며 레벨을 올려가는 게임 방식을 보며 세월과 함께 게임도 이렇게 많이 발전했구나라는 생각을 하고 있습니다.

청소년들의 게임 중독이 사회적인 화제로 자주 등장했는 데 이 드라마를 보면서 그 원인을 발견했습니다.

온라인으로 접속해서 같이 행동을 해야 하기에 결국은 방해받지 않은 저녁에서 새벽 시간을 이용해야 하는 데에서 발생되는 것 같습니다.

팀을 결성하면 그만큼 힘이 세지고 레벨을 올릴 수 있는 기회도 많아지고 도움을 받을 수도 있을 것입니다.

그렇지만 같이 움직여야하기에 서로 시간을 맞춰야하기 때문에 온전한 자기 시간을 보내기는 힘들 것 같습니다.

드라마에서는 학업이며 사업, 운동까지 잘 해가는 천재형 주인공이 등장합니다.

그렇지만 현실적으로 이런 사람이 정말 있을까하는 생각도 듭니다.

일반인을 대상으로 하는 방송 매체, 특히 드라마

가 간접 광고며 가상 광고라는 명목으로 끊임없이 가진 자들의 주머니를 불리기 위해 혈안이 되어 있습니다.

텔레비전 화면에서 누군가가 맛있게 무언가를 먹을 때면 저절로 그 음식이며 과자에 손이 가게 되고 비싼 명품가방이며 옷을 보면 그 옷을 사고 싶어집니다.

그런 효과를 생각해 보면 이 드라마는 미남, 미녀들을 총동원해서 아름답게 포장한 내용과 게임 영상을 통해 모르는 사이에 시청자들을 게임에 유도하는 데 성공하고 있지 않을까라는 생각이 듭니다.

오래 전 게임 중독으로 많은 시간을 허비한 쓸쓸한 기억을 가진 내가 컴퓨터 게임을 새로 도전해보고 싶어질 정도이니 드라마의 영향력은 정말 놀랍기만 합니다.

컴퓨터 게임이며 모바일 게임을 통해 중독자가 양산되고 그로 인해 놀라운 부가 창출되고 돈을 벌어들인다고 들었습니다.

인터넷을 통해 광고를 하고 물건을 파는 시대가 도래한 지금 상시 휴대하는 핸드폰, 스마트폰, 인터넷으로부터 사람들은 눈을 뗄 수가 없어지고 있습니다.

온라인 게임뿐만 아니라 온라인으로 연결된 세상

은 너무나 재미있습니다.

그렇기에 우리는 쉽게 그 세계에 빠져 들고 시간을 잊게 됩니다.

그런데 그런 생활 속에서 우리가 얻게 되는 것은 무엇이고 잃어버리는 것은 과연 무엇일까요?

어쩌면 우리는 재미라는 달콤한 독약을 마시며 그 대신에 인생에서 정말로 중요한 것들을 잃어가고 있는 것은 아닐는지....

시간과 돈, 건강뿐만 아니라 두 번 다시 오지 않을 사랑하는 사람과의 추억까지도......

드라마는 컴퓨터 게임을 만드는 사람이 주인공인지라 현실 세계와 게임 속세계가 같이 나옵니다.

드라마를 계속 보다 보면 게임을 해 보고 싶다는 생각이 듭니다.

그래서 드라마 속에서 먹는 장면이 나오거나 술을 마시는 장면에 이끌리어 사람들이 라면을 끓여먹거나 술을 마시고 싶어지나 봅니다.

유난히 술이나 음료수를 마시는 장면이 많이 등장합니다.

이것은 확실한 목적을 가진 선전입니다.

이 드라마 속에서 스마트폰을 가지고 몰래 대화를 녹음하려고 하는 장면을 보았습니다. 평소에는 무심코 넘어갔는데 생각해보니 참 무서운 세상이 되었다고 느꼈습니다.

스마트폰이 나오면서 이런 일이 가능해졌습니다.

이제는 일반인도 자신도 모르게 통화 내용이나 행동이 녹음내지는 녹화될 수도 있다는 생각을 하면서 살아가야 할 것 같습니다.

언제 통화 내용이나 자신의 언행이 녹화되어서 어떤 식으로 돌아올지 모르기 때문입니다.

매일 매일 살아가기 위해 활동하는 거의 모든 곳에 감시 카메라가 설치되어 있습니다.

범죄를 방지하거나 방범 목적으로 카메라가 설치됩니다. 자동차의 블랙박스의 영상으로 교통사고의 현장을 확인할 수 있습니다.

또 다른 많은 도움이 되고 있겠지만 우리가 살고 있는 세계는 점점 더 감시 체계로 돌입해 가고 있는 느낌입니다.

중국에서 개발된 얼굴인식 프로그램은 세계 최고를 자랑한다고 들었습니다.

페이스북에는 사진을 올릴 때마다 그 사람의 이름을 기록하라는 권고가 뜹니다.

자신이 올린 사진이 아니면 누군가가 올린 사진 속에 찍혀진 자신의 사진이 모르는 곳에서 착실하게 쌓여져 가고 정보가 축적되어 가고 있습니다.

오래전 작가 죠지 오웰이 머릿속으로 상상했던 두려운 세계를 우리가 바로 오늘 살아가고 있습니다.

대홍모여소야랑

드라마 "대홍모여소야랑"의 번역된 제목은 "빨간 모자와 꼬마 늑대"입니다.

그림 동화에 빨간 모자가 있는 데 이것을 패러디한 제목인 것 같습니다.

"작은 빨간 모자와 큰 늑대"라는 제목이 이 드라마에서는 "큰 빨간 모자와 꼬마 늑대"로 바뀌어져 나옵니다.

일본어도 공부할 겸 일본 드라마에 한참 빠져 있던 때, 여동생은 대만 드라마를 즐겨 보았습니다.

그 동생의 영향도 있어서 대만 드라마를 보기 시작했습니다.

그렇지만 코믹하고 재미있는 것을 즐겨보는 여동생과는 달리 진지하고 생각을 하게 하는 내용을 좋아하는 나와는 취향이 달라 대만 드라마에 깊이 빠져들지는 못 했습니다.

하 군상이며 오 존이라는 미남 배우를 좋아해서 몇 편 대만 드라마를 보았지만 중국 드라마를 접하게 되면서는 거의 보지 않았습니다.

대만 드라마의 억지 설정이며 황당무계한 내용과 내 취향이 아닌 출연자들 때문에 드라마에 몰입하기가 어려웠습니다.

나라마다 미의 기준이 달라서 배역을 맡은 출연자

들이 마음에 들지 않으면 드라마를 계속 보기가
힘듭니다.

"대홍모여소야량"도 별로 출연자들이 마음에 들지
않았지만 어린 남자 아이를 구하기 위해 죽어간
뤼워라는 남자와 그를 사랑하는 여주인공의 삶의
모습이 감동을 자아내기에 계속 보고 있습니다.

많은 중국 드라마를 보았지만 거의 매회 눈물을
자극하는 드라마는 거의 없었습니다.

늘 복수와 음모와 계략이 판을 치기에 끔찍한 칼
싸움과 살인 장면 때문에 눈을 자주 돌렸던 기억
이 남아 있습니다.

복수를 주장하는 중국 드라마에서는 볼 수 없는
감동이 대만 드라마에는 있습니다.

중국 드라마는 밑바탕에 도교가 대만 드라마에는
기독교가 깔려 있는 느낌입니다.

그래서인지 중국 드라마 중 특히 비극으로 끝난
드라마는 허무하고 회의적이며 가슴이 착 가라앉
으며 오래도록 우울해지게 합니다. 반면에 대만
드라마는 밝고 유치하며 장난스러운 느낌이 빠지
지 않습니다.

중국어 실력도 향상시킬 겸 열심히 드라마를 보고
있는 데 드라마의 줄거리를 좇기에 바빠서 단지
드라마 시청으로만 그치고 있어 많이 아쉽고 안타
까운 나날입니다.

천계지백사전설

마음도 안 편하고 일도 손에 잡히지를 않아서 마음을 집중시킬 드라마가 있나 이것저것 찾아보다가 보다가 만 이 드라마를 다 보기로 했습니다.

식사 시간을 제외한 대부분의 시간을 이 드라마를 보는 게 소비했습니다.

결국 며칠 만에 이 드라마를 다 보았습니다.

중국의 전설인 "백사전"을 드라마로 만들었다고 하는데 다른 많은 인물과 사건을 덧붙여서 긴 분량의 드라마로 만들었습니다.

'향밀침침신여상"이라는 드라마를 통해 양쯔, 덩룬, 라운희라는 배우를 알게 되었습니다.

그들이 나온 작품을 찾아서 보게 된 게 "천계지백사전설"과 "친애적열애적", "백발왕비", "아적진붕우"입니다.

양쯔라는 연기자는 아역 배우 출신이라고 하는데 얼굴도 예쁘고 연기도 잘 합니다.

많은 드라마 출연자들이 자신의 목소리가 아닌 성우가 더빙을 한다는 데 이 연기자는 자신의 목소리로 나오고 있습니다.

목소리 연기까지 뛰어나고 천진스러운 느낌입니다.

천년동안 도를 닦은 뱀이 둔갑한 여인 백소정과

인간 허선의 비극적인 사랑 이야기가 "백사전"입니다.

장 국영이 나온 천녀유혼도 서생과 처녀귀신과의 사랑이야기였습니다.

중국의 드라마며 영화는 이런 변신, 둔갑한 동물과 인간 세계며 신선들의 세계를 그리는 작품이 많습니다.

우리나라도 단군 신화에서 백일을 마늘과 쑥을 먹으며 버틴 곰 이야기가 나옵니다.

우렁각시며 구미호며 동물이 둔갑을 하는 이야기도 많이 있습니다. 비극적으로 끝난 선녀와 나무꾼이라는 전설도 있습니다.

같은 인간들의 사랑도 여러 가지 장애와 이유로 힘든 고통과 시련을 당합니다.

그런데 이런 사랑은 얼마나 힘들까요?

미남 미녀 연기자들이 절절한 사랑으로 인한 주인공들의 고통과 슬픔 절망을 연기할 때 나도 모르게 화면을 보며 같이 눈물을 흘리기도 했습니다.

나를 둘러싸고 있는 우울한 주변 환경과 마음 상태까지 더욱 더 슬픔과 우울을 가중시켰습니다.

비극적인 결말을 좋아하지 않아서 억지로라도 행복하게 끝을 맺는 한국 드라마와는 달리 중국 드라마는 특히 선협물이나 사극은 대부분이 비극으로 끝을 맺습니다.

아적진붕우

상해를 배경으로 한 드라마로 부동산 중개 회사의 한 지점에서 근무하는 남녀 주인공의 사랑과 일에 대한 이야기입니다.

한국 드라마와 같이 사랑이 주된 뼈대가 되고 거기에 재미를 덧붙인 사건 전개가 아닌 상해에서 살고 있는 현대 중국인들의 집에 대한 생각과 행동들을 볼 수 있어 흥미롭습니다.

집을 소개하는 과정에서 여러 종류의 사람들을 만나는 데 각자 복잡한 사정이 있어 그 하나하나의 일을 같이 고민하면서 해결해 나가면서 성장해 가는 두 젊은 남녀의 이야기입니다.

한 자녀 출산이라는 중국의 출산 정책으로 인해 벌어지는 현상이며 상해에서 집을 갖는다는 것이 얼마나 힘든 일인지도 알 수 있습니다.

자유롭게 이사하고 거주의 자유가 있는 한국에서는 알 수 없는 거주지 제한도 중국에는 있는 모양입니다.

일을 우선시하고 가정을 돌보지 않았던 아버지와 그로 인해 외로워하며 죽어간 엄마 때문에 아버지와의 관계가 좋지 않는 남자 주인공이 하는 고백이 참 가슴을 울렸습니다.

한국 드라마에도 "보고 싶다"라는 제목이 있었습니

다.

보고 싶다는 단순한 말 속에는 그리움이라는 감정이 담겨 있습니다.

살아 있어 만날 수 있다면 미칠 듯이 보고 싶어지면 전화를 하여 목소리를 듣고 시간을 내서 만나러 갈 수 있습니다.

그러나 그리움의 대상이 만날 수 없는 조건과 형편 속에 있다면 그 감정은 너무나 슬프고 가슴이 아플 것입니다.

돌아가신 어머니를 생각하며 여자 주인공에게 무심코 토로하는 남자 주인공 등륜의 말은 참으로 그 감정을 잘 표현하고 있습니다.

"그리움은 행복하고도 슬픈 거야. 사랑하는 이를 떠올리면 행복하지만 그 과거가 행복해서 슬프기도 하거든" 그리움의 대상은 같이 공유한 즐거움과 행복한 시간과 추억이 동반되어야 합니다.

전혀 알 수 없는 사람을 그리워할 수는 없습니다. 미워하거나 싫어하는 사람을 그리워하는 사람은 거의 없을 것입니다.

사랑하기에 아니면 사랑했기에 그리워집니다.

그리고 그리워진다는 것은 대부분 과거와 회상으로 그려집니다.

지금 만날 수 있는 사람을 그토록 절절히 그리워하지는 않습니다.

어떤 풍경을 볼 때 어떤 음악을 들을 때 인생의 한 순간에 문득 생각나고 보고 싶어지는 사람이 있습니다.

그러나 아무리 그 시절이 그리워도 그 사람을 보고 싶어도 다시는 그 시절로 돌아갈 수도 없고 그 사람을 만날 수 없을 때 사람은 그리움에 눈물짓고 가슴 아파합니다.

그리고 그리움에는 늘 행복과 슬픔이 동시에 존재합니다.

그 때를 생각하면 행복하지만 두 번 다시 그 감정을 그 순간을 어쩌면 그 사람을 만날 수 없기 때문입니다.

나이가 들어가고 같이 나이를 먹어갔던 사람들이 하나 둘 내 곁을 떠나가고 있습니다.

이제는 그들은 퇴색해가는 사진 속에서만 추억 속에만 남아 있습니다.

그렇지만 내게는 그들을 떠올릴 수 있는 기억력도 별로 남아 있지 않아 그들을 그리워할 수 있는 추억조차도 잘 생각나지 않습니다.

그러나 두 번 다시 만날 수 없기에 한 사람 두 사람 문득문득 떠오르는 사람들은 가슴을 시리게 합니다.

내하보스요취아

최근에 재미있게 본 드라마중 하나가 "내하보스요취아"입니다.
서개빙이라는 남자 연기자를 기억에 새긴 드라마이기도 합니다.
"결애"라는 드라마에도 출연했다는 데 그 때는 멋있는 지 전혀 몰랐습니다.
이 연기자는 신사복 정장이 참 잘 어울리는 것 같습니다.
신인 여배우와 기업 오너의 사랑 이야기가 이 드라마의 주제입니다.
어린 남주인공을 버리고 떠난 어머니로 인해 벌어지는 여러 가지 사건과 함께 드라마는 흥미진진하게 진행됩니다.
처음에 드라마를 보면서 여주인공역 연기자가 별로 어울리지 않는다고 느꼈습니다.
원작 소설을 웹사이트에서 발견해서 읽어보니 그 생각이 더욱 굳어지고 있습니다.
원작 소설에서 풍기는 여주인공의 성격과 느낌은 젊고 풋풋하며 자부심이 강하고 독립적인 성격으로 느껴집니다. 그런데 드라마의 배역 연기자는 너무나 나이가 들어보여서 별로 맞지 않는 것 같습니다.

한 명은 친 아들, 한 명은 재혼한 남자의 아들, 두 남자가 한 여자로 인해 고통을 받으면서 벌어지는 사건을 그리고 있습니다.

두 남자 중 한 명은 용서를 택했고 한 명은 끝까지 복수를 택해 자신도 주변인물까지 파멸의 길로 인도합니다.

살아가면서 우리가 겪어야 하는 많은 일 중에는 참으로 잊기 어렵고 용서하기 어려운 사람과 사건이 있습니다.

너무나 선명한 기억때문에 언제까지나 생생한 고통 때문에 끊임없이 고통을 받고 살아가는 사람도 있습니다.

그러나 어떤 괴로운 기억과 상처라도 결국 자신을 위해서 용서해야 하고 잊어야 합니다.

용서!!!! 당사자가 아닌 주변 사람이며 제 3자는 쉽게 그 말을 뱉습니다.

그러나 당사자에게 있어 특히 피해자에게 있어 용서는 얼마나 어려운 일인지....

포말지하 2010

인샤모, 오천, 뤄시라는 세 남녀의 가슴 아픈 사랑 이야기가 그려집니다.

세 사람 모두 부모의 사랑을 받지 못 한 슬픈 과거가 있기에 그들의 사랑이 더 부서지기 쉽고 서로를 믿지 못 하고 상처를 받게 되는 원인이 되는 것 같습니다.

드라마의 원작 소설을 가장 먼저 읽고 2018년도판 드라마에 이어 2010년도판 드라마를 드디어 다 시청했습니다.

몇 년전 도서관에 갔다가 중국어 책 코너에서 우연히 번역판 소설을 발견해서 빌려와 며칠 동안 다 읽었습니다.

책에서는 드라마에서 섬세하게 표현되지 못 했던 심리 묘사며 연예계의 뒷모습이 더 자세히 그려져서 재미있었고 드라마에서는 세 주인공의 출연진 때문에 좋았습니다.

세 주인공을 연기하는 연기자들이 다 미남, 미녀여서 눈이 호강했습니다.

2018년도판은 드라마를 더 재미있게 하려는 의도였는지 원작에 없는 내용이 많이 삽입되었습니다.

사랑은 어떤 행동으로 나타날까요?

드라마에서는 뤄시와 오천 두 남자가 많은 잘못과

행동을 통해 진정한 사랑의 의미를 깨달아가는 과정이 그려집니다.

세 사람 모두 조금씩 사정은 다르지만 부모에게 버려졌다는 아픈 상처가 있기에 마냥 밝고 행복한 사랑을 할 수가 없습니다.

사람들에게 버려지기 전에, 자신이 상처를 받기 전에 먼저 버린다는 선택을 하며 살아온 뤄시와 자신이 사랑하는 사람을 소유하기 위해 상대방의 감정과 행동까지 통제하며 억압하는 오천과 순수하게 자신의 감정을 표현하지 못 하고 이중적인 삶으로 자신을 감추며 사는 인샤모

그들이 짊어지고 살아온 인생 여정이 평탄치 않았기에 어쩌면 필연적으로 일어난 일들이 그들의 사랑을 더욱 더 아프게 하는 원인이 됩니다.

결국 사랑은 상대방의 행복을 위해 자신을 얼만큼 희생할 수 있는 지에 그 사랑의 척도가 드러나는 것은 아닐까요?

상대방을 살리기 위해 자신의 목숨을 버릴 수 있는 사랑, 상대방의 행복을 위해 자신을 희생시킬 수 있는 사랑이 어쩌면 우리가 꿈꾸는 사랑일지도 모릅니다.

그러나 그런 사랑을 실천하기는 그리 쉽지 않지만 조금은 비슷한 사랑의 모습은 현실 속에서도 접할 수 있습니다.

하나의 예가 자식을 향한 부모의 사랑일 수가 있습니다.

연인의 사랑도 있을 수 있습니다.

어쩌면 낯모르는 타인을 구하기 위해 자신의 목숨을 버린 타인의 사랑도 포함되겠지요?

인류가 지구상에서 활동하면서 지금까지 많은 사랑의 이야기가 있습니다.

그리고 인류가 존재하는 한 사랑은 없어지지 않을 것입니다.

오늘도 어디선가 새로운 연인이 생기고 또 다른 드라마가 만들어지고 있습니다.

사랑, 누구나 꿈꾸고, 하고 싶고, 받고 싶어 하는 사랑 그 사랑의 속성은 그 궁극적인 사랑은 어디에서 왔을까요?

그 사랑은 이 세상을 만들고 자신이 만든 세상을 너무나 사랑해서 목숨까지 바치며 우리를 구원해 주신 예수님, 창조주 하나님으로부터 왔습니다.

그러기에 우리는 태어나면서 죽을 때까지 그 사랑을 갈망하는 것입니다.

부디 그 사랑에 응답할 수 있는 우리가 되길 소망합니다.

아지희환니

자오 관차오, 차오이라는 이란성 쌍둥이 남매와 남자 주인공 옌모 그리고 그들의 친구인 따추안과 하오유이의 이야기가 주축입니다.

고등학교 시절부터 이야기가 시작되는데 10년간의 이야기가 과거와 현대를 번갈아가며 그리고 있습니다.

시청률 때문인지 광고 수입 때문인지 갈수록 자극적이고 선정적이며 막장으로 치닫고 있는 한국 드라마에 식상해서 한국 드라마를 별로 보지를 않고 있는 데, 이 중국 드라마는 별로 자극적이지도 않으면서 소소한 일상을 아름답고 따뜻한 감성을 바탕으로 전개해 가고 있어 매회 감동받고 있습니다.

사회주의 체제인 중국에서 이런 드라마가 만들어지는 데 왜 우리나라는 갈수록 물질적이고 세속적이며 향략적이고, 퇴폐적이고 막장으로 치달려가는지 안타까울 뿐입니다.

유감스럽지만 일본 드라마의 전철을 밟아가고 있는 느낌입니다.

향밀침침신여상

몇 달 전에 드라마 사이트에 올려진 "향밀침침신여상"을 보고 시청을 시작했다가 너무 재미있어 푹 빠져버렸습니다.

드라마 음악도 마음에 들어 유튜브에서 다운받아 자주 듣고 있습니다.

타이틀곡도 괜찮지만 개인적으로는 엔딩곡을 더 좋아합니다.

내용은 천계의 천제의 두 아들과 화신의 숨겨진 딸 금멱의 사랑 이야기입니다.

부모 세대부터 얽어진 악연(?)이 그 다음 세대에까지 이어지면서 벌어지는 사건, 사고와 사랑의 아픔과 복수등이 그려집니다.

처음에 만들어질 때부터 여성 시청자를 주요 타겟으로 삼았다고 하더니 여자들이 좋아하도록 출연진이며 편집등이 지루하지 않고 잘 짜여진 느낌입니다.

여주인공 금멱으로 나오는 양쯔라는 연기자는 "천계지백사전설"에도 출연하고 있는 데 이 드라마도 꽤 재미있습니다.

"백사전"을 다시 리메이크했다는 데 한참동안 시간가는 줄 모르고 날을 새다시피하면서 본 드라마입니다.

중국 드라마는 50편에서 60편이 넘는 게 많기에 종영된 드라마를 한꺼번에 몰아보는 게 나을 것 같습니다.

방영중인 드라마는 업로드되는 것을 기다리는 것도 감질나고 중간에 한참 시간이 지나면 시청한 내용이 잊혀져서 가물가물해지기도 합니다.

드라마에서는 구체적으로 밝혀지지 않지만 지금의 천제는 천계의 둘 째 아들이었던 자가 음모와 술수로 천계를 손에 넣고 다스리고 있습니다.

거기에는 천후가 된 조족출신 여인의 도움이 컸습니다.

권력을 얻기 위해 천제와 천후가 벌인 사건들이 모든 비극의 씨를 잉태합니다.

이 두 사람이 벌이는 음모와 술수로 인해 부모와는 다르게 착하게 태어난 두 아들이 서로를 죽이려는 살육전까지 일어납니다.

이 드라마에서는 천제의 두 아들 윤옥과 욱봉 그리고 금멱과 수화 류영과 모사의 사랑 이야기가 그려집니다.

천제의 둘째 아들인 자신이 낳은 친아들 욱봉을 다음 천제로 만들기 위해 천후가 벌이는 일들이 결국 드라마를 얽히고설키게 합니다.

야신과 화신 윤옥과 욱봉은 어머니가 다르지만 전혀 상황과는 상관없이 대단히 사이가 좋은 형제였습니다.

그러나 천후가 자신의 아들을 천제로 만들기 위해 벌이는 일로 인해 사건은 피를 흘리는 방향으로 진행됩니다.

중국 드라마에서는 대부분 복수를 주제로 하는 내용이 많습니다.

천후로 인해 어머니를 잃고 사랑하는 금멱까지 자신이 아닌 동생 화신 욱봉을 사랑하자 윤옥은 복수를 택하게 됩니다.

복수로 인해 착한 성품이었던 야신 윤옥이 변해가는 과정이 안타깝습니다.

그런 윤옥을 만류하는 뱀신선인 연우의 간절한 충고도 거부한 채 결국 사랑하는 금멱마저 희생시키고 맙니다.

다행이도 이 드라마는 비극으로는 끝나지 않고 행복한 결말을 준비해 두어 씁쓸한 뒷맛으로 남지는 않았습니다.

욱봉에 대한 수화 공주의 짝사랑이며 금멱에 대한 윤옥의 집착이며 보답 받지 못 한 사람들의 비틀린 마음이 큰 희생을 치르게 합니다.

진정한 사랑이란 과연 무엇일까요?

사랑하는 사람의 행복을 위해 자신을 희생하는 것일 것입니다. 복수는 언제나 쓰디쓴 후회와 자책만을 남기는 것은 아닐까요?

부요 황후

유치하면서 코믹하며 대부분 행복하게 끝나는 대만 드라마와는 달리 중국 대륙에서 만드는 드라마는 전체적으로 비극적으로 끝을 맺습니다.

중국 드라마 중에서 가장 재미있게 보았던 드라마 "삼생삼세십리도화"에서 여주인공 백천으로 열연했던 양미란 연기자가 여기서도 참 아름답게 나옵니다.

류개위라는 배우와 결혼해서 아이까지 낳았다고 들은 것 같은데 어떻게 이토록 아름다운 몸매와 미모를 유지할 수 있는 것인지 대단합니다.

남자 주인공은 대만 출신 배우 원경천으로 로맨틱 코미디의 대가라고 하는 데 그가 출연한 드라마 '운명처럼 널 사랑해','귀치등','패견여왕'를 전혀 보지 않아서 잘 모르는 배우입니다.

그렇지만 조금은 느끼한 듯한 그의 표정 연기와 최종회의 열연이 대단했습니다.

 "꼬맹이"라 번역된 단어를 목이 터져라 외치는 모습이며 부요의 칼에 찔려서 피칠갑이 되면서 펼치는 연기가 끔찍하기도 했지만 너무 처절해서 가슴이 아팠습니다.

내 귀에는 "야통"이라고 들리는 중국어 단어를 검색해 보아도 찾을 수 없어 아무래도 야토우라는 "

계집애"라는 단어인가 하는 생각을 하고 있습니다. 곽 건화와 조 려영이 출연한 드라마 "화천골"도 재미있게 본 드라마인데 "부여"라는 드라마도 "화천골"의 두 사람과 비슷한 설정입니다.

요녀로 변신해서 세상을 어지럽힐 여자 주인공의 운명과 그 여자 주인공을 사랑하게 된 남자 주인공의 갈등과 그 둘의 사랑과 운명을 지켜주고자 하는 주위 사람들의 사랑과 희생이 눈물을 자아내게 합니다.

이 드라마를 보면서 또 하나 느낀 점은 권력을 손에 넣기 위해 최고의 자리를 차지한 자가 그 자리를 계속 장악하기 위해 벌이는 음모와 피바람이 끔찍하다는 사실입니다.

남자들의 권력욕은 늘 비극적인 요소를 포함하고 있습니다. 그것은 인간을 포기하게 하고 주위 사람들을 불행으로 내몰고 목적을 이루기 위해 자신을 극단적인 행동으로 몰아넣습니다.

인터넷덕분에 정말 언어의 장벽만 넘는다면 특히 영어 자막을 읽을 수 있다면 인터넷으로 접할 수 있는 전 세계의 드라마를 다 볼 수가 있는 세상입니다.

한국 드라마, 일본 드라마, 대만 드라마, 중국 드라마, 태국 드라마, 미국 드라마, 영국 드라마의 세계를 즐길 수 있습니다.

여러 나라의 드라마를 보게 되면서 나라마다의 특색과 가치관을 알 수가 있습니다.

아는 일본 사람이 한국 드라마는 감동이 있다는 말을 했습니다.

중국 드라마 특히 사극 드라마를 보면서 그 이유를 조금은 알 수 있을 것 같습니다.

많은 중국 드라마에는 멸문을 당한 집안의 자식이 그 복수를 하는 내용이 나옵니다.

복수를 하는 게 당연하다는 가치관이 그려집니다.

인과응보와 복수 그리고 윤회를 바탕으로 그려지는 중국 드라마에 익숙한 중국 사람들은 드라마가 비극으로 끝을 맺어도 다음 생에의 희망을 품을 수 있기에 비극적인 결말을 사람들은 용납할 수 있는 모양입니다.

그러나 시간가는 줄을 모르게 하고 넋을 놓고 보게 만드는 드라마가 끝에 가서는 언제나 가슴속에 씁쓸하고 허무함을 남기는 게 아쉽습니다.

채홍적남인

"천산모설"을 보고 좋아하게 된 류개위라는 남자 연기자가 주인공으로 나오는 드라마입니다.

류개위라는 남자 연기자는 "천산모설"에서도 원수의 딸을 사랑하게 되면서 그런 자신의 감정을 계속 부정하며 자신도 상대방도 힘들게 하는 연기를 하더니 이 드라마에서도 비슷한 설정의 배역입니다.

여자 주인공이 "미미일소흔경성"의 연기자와 비슷하다고 생각했더니 같은 사람이었습니다.

전체적으로 예쁜데 눈이 좀 안 어울린다고 여겼는데 "미미일소흔경성"에서는 눈이 완전히 달라지고 현대 의상을 입어서 몰라보았습니다.

차라리 중국옷을 입고 나올 때는 그렇게 몰랐는데 현대극에서는 키가 큰데 너무 말라서 보기가 안타깝습니다.

염색 공장을 하는 가문의 아들과 그 가문에 대대로 전해오는 비법 때문에 벌어지는 음모와 살인, 복수등이 그려지면서 범인 찾기와 부모 세대로 인해 원수가 된 남녀의 사랑 이야기가 흥미롭게 진행되며 삼각관계를 이루는 채홍과 강여 그리고 주소천으로 나오는 세 연기자들이 다 미남 미녀로 눈이 정화되는 느낌입니다.

화천골

무협지에서나 접했던 도계, 선계의 세계를 드라마
로 처음 접했습니다.
천궁의 태자 예화의 일편단심에 마음이 아프고
백천과 예화 두 사람의 평탄치 않은 사랑에 가슴
아픈 시간을 가졌습니다.
덕분에 일상생활에서 거의 쓸 일도 들을 일도 없
을 궁중 용어며 불교 용어를 저절로 익혀가고 있
습니다.
제군, 태자 전하, 폐하며 마마 등 이런 중국어를
익혀서 언제 쓰게 될 날이 올까요?
"삼생삼세십리도화"가 남자의 일편단심을 그렸다
면 이 드라마는 "화천골"이라는 여인의 처절하리
만큼 집요한 헌신적인 사랑 이야기입니다.
남자 주인공인 장류의 장문인 백자화의 생사겁이
여자 주인공인 화천골입니다.
생사겁이라는 생소한 단어가 나오는데 그것은 자
신이 살 기 위해서는 생사겁인 상대를 죽여야만
살 수 있는 천형과 같은 것입니다.
그런 생사겁을 만나 스승과 제자가 되고 결국 사
랑하게 된 두 남녀의 지독히도 아픈 사랑의 이야
기를 그린 드라마가 "화천골"입니다.
지금도 스승과 제자의 사랑은 환영받지 못하고 사

람들의 지탄을 받는 금지된 사랑입니다.

중국 무협지에서 그려지는 스승과 제자의 관계에서는 더욱더 엄격합니다.

스승은 부모와 같은 존재로 그림자도 밟기 어려워할 정도의 대상입니다.

특히 오욕칠정을 끊고 도를 닦는 선계에서의 사제지간의 사랑은 더욱더 용납하기 어려운 감정이기에 스승인 백자화는 끊임없이 자신을 속이면서 그 사랑으로부터 외면을 합니다.

자신이 원치 않았지만 그런 운명을 타고난 화천골이 그 사랑의 대상인 백자화에게 보여주는 너무나 순수하고 헌신적인 사랑의 모습이 참 슬펐습니다.

끝까지 그 사랑을 인정하지 않고 매정하게 뿌리치는 스승의 칼에 죽어가면서 처절하게 외치는 대사에 같이 오열했습니다.

수많은 드라마를 보았지만 요즘에 만들어지는 드라마를 보면서 거의 울 일이 없었는데 자신을 억제할 수 없을 정도로 가슴깊이에서 솟구쳐 오르는 슬픔을 느꼈습니다.

도를 닦는 세계며 불교의 세계에서는 인간의 감정을 극도로 자제하고 삶에서 초연하기를 추구하는 종교입니다.

그런 가르침을 받고 살아가는 사람에게 있어서 인간이 가지고 있는 감정은 사치이자 철저히 금욕의 대상입니다.

그런데 인간에게서 그런 감정을 다 배제한다면 그것은 무감정, 무표정의 가면과 같을 것입니다.

도인과 신선들이 수련을 하면서 힘들게 추구했던 그 세계를 요즘은 쉽게 손에 넣을 수 있는 것 같습니다.

컴퓨터 게임이며 가상공간에 젖어 사는 사람들의 표정이 바로 그 것입니다.

감정이 전혀 없어 보이는 얼굴이 가면을 쓰고 있는 것 같아서 섬뜩했던 기억이 납니다.

우리가 접하는 여러 영상 매체며 문화 산물은 영적인 메시지를 전달합니다.

외국어를 배우는 것도 그 언어뒤편에 숨겨져 있는 그 나라의 문화를 자신도 모르게 접해가는 것입니다.

허무주의와 윤회 주의의 문화사상속에 살아오고 그 문화적 토대위에서 만들어지는 중국 드라마에는 사람들의 마음을 공허하게 하고 또 다른 삶에서 위안을 얻을 수 있다는 메시지를 은연중에 전달합니다.

현실이 너무 힘들고 그 상황에서 절대로 벗어나기 어려울 때 사람들은 자신을 보호하기 위해 가상의 자신을 만들어낸다고 들었습니다.

학대를 심하게 당하거나 견디기 힘든 상황에서 벗

어나기 위해 누군가는 자살을 선택하거나 어떤 경우는 또 다른 내가 되어 자신이 만든 세계로 도피합니다.

그게 심리학에서 다루어지는 다중인격자의 세계인 것 같습니다.

기독교에서는 윤회라는 사상이 없습니다.

우리의 인생은 오직 한 번밖에는 경험할 수 없습니다.

그러기에 성경에서는 그 하루하루를 항상 기뻐하고 감사하며 살라고 전합니다.

그 인생을 잘못 살면 절대로 돌이킬 수 없기 때문입니다.

불교색과 도교의 가르침이 진한 중국 드라마를 보면서 또 다른 생이 있어서 이생의 잘못을 다시 돌이킬 수도 있다는 희망을 갖고 자신의 삶을 체념하며 살거나 때로는 그 상황을 벗어나기 위해 극단적인 선택을 하는 사람들의 모습을 봅니다.

자신에게 주어진 삶속에서 접한 문화와 사상 속에서 쉽게 벗어나지 못하는 인간들의 삶의 형태를 바라보며 진리를 접하고 그 진리를 깨닫고 살게 된 것만 해도 감사해야 할 것을 절실히 깨닫고 있습니다.기독교의 진리는 감정을 죽이며 살아가는 게 아니라 우는 자와 함께 울고 기쁜 자와 함께 기쁨을 나누는 종교입니다.

애정시종고백개시적

한글 발음만 보면 무슨 뜻인지를 모르겠는데 드라마가 끝나가면서 그 뜻을 알게 되었습니다.
"사랑은 고백을 하면서 시작된다"는 것입니다.
사랑을 고백하자마자 끝났다라는 뜻으로 생각했는데 완전히 엉뚱하게 추측을 했습니다.
짝사랑의 극치를 표현하는 여주인공의 일편단심과 헌신에는 고개가 저절로 숙여집니다.
사랑을 쟁취하기 위해 수단과 방법을 불사한 연적 때문에 자신의 오랜 짝사랑을 포기하면서 빗속에서 절망하며 외치며 울부짖는 여주인공의 모습을 보며 드라마에 몰입하기 보다는 연기자로 살아간다는 게 쉽지만은 않겠다는 생뚱맞은 생각을 했습니다.
감독의 오케이가 떨어질 때까지 얼마나 빗속에서 대사를 외우고 또 외웠을까요?
이러나저러나 미남, 미녀가 그려내는 사랑의 이야기는 언제나 보는 이의 눈을 즐겁게 하고 대리 만족을 줍니다.
한페이라는 조연 연기자의 연기도 참 기억에 남습니다.
갈수록 이기적으로 변해가고 이해관계며 여러 가지 이유로 쉽게 헤어지고 마음이 바뀌어가는 요즘 세상에 이런 드라마와 같은 사랑을 하는 사람은 그렇게 많지는 않겠지요?

이제는 거의 찾아 볼 수 없는 그런 사랑을 꿈꾸며 드라마 작가는 이런 드라마를 써내려갔는지도 모르겠습니다.

고지식할 정도로 열정적이고 열심히 살아가는 여주인공 자오자오를 보며 무미건조했던 삶에서 조금씩 변화되어 가는 남주인공 하오천이며 자존심을 지키기 위해 높은 성벽을 쌓고 살아가던 상관이가 순수하고 진실한 자오자오때문에 자신을 방어하고 있던 군더더기를 버리고 친구로서 변하는 과정들이 조금은 지루한 느낌속에 전개되지만 참 마음이 따뜻해 지는 좋은 드라마입니다.

시청률을 겨냥해서 갈수록 자극적이고 막장으로 치달아가며 음모와 술수, 그리고 배신과 복수가 난무하는 한국 드라마를 떠올리며 안타까운 마음이 듭니다.

부디 희망을 전하고 사랑을 전하는 그런 아름다운 드라마가 많이 만들어지길 바라고 소망합니다.

찬석왕로오적간난애정

몇 년 전 중국 드라마 사이트에서 "천산모설"을 참 재미있게 보았습니다.

드라마를 보고 난 사람들의 댓글을 읽어가면서 드라마의 내용을 나름대로 상상해 보는 것도 또 다른 재미를 주었습니다.

댓글 중에 소유욕이 강하고 집착이 심한 남자를 그린 다른 드라마의 소개가 있어 어떤 드라마일까 궁금해서 보게 되었습니다.

그게 "천석왕로오적간난애정"입니다.

"천산모설"이나 "천석왕로오적간난애정"이나 결국 행복한 결말은 아니었습니다.

사랑하는 사람이 있는 여자를 좋아하게 되어 자신의 돈과 힘으로 여자를 자신의 것으로 삼았지만 자신에게 마음을 열지 못 하는 여자에 대해 끊임없이 안타까워하고 애쓰는 두 남자의 모습이 조금은 안쓰럽기도 했습니다.

이 드라마의 주인공이 자신을 배반하고 떠나간 경쟁자와의 대결이 흥미로웠습니다.

강남 재개발에 얽혀진 음모와 암투를 그린 한국 드라마도 있었는데 중국에서도 문호 개방과 함께 급속도로 경제가 발달되어 가는 과정에서 돈벌이를 위해 서로가 서로를 속이는 과정들이 극명하게 묘사됩니다.

드라마 속에 그려지는 재개발을 둘러싼 분쟁과 횡포 등을 보며 과거의 한국 사회의 모습을 떠올렸습니다.

우리는 역사를 공부하면서 똑같은 잘못을 되풀이하지 않도록 노력합니다.

그러나 책으로 아니면 미디어를 통해서 접하는 역사가 과연 다 사실일까요?

어쩌면 각자의 보는 관점이나 이해관계에 따라 많이 왜곡되거나 과장되거나 심하면 삭제되거나 거짓이 첨가되어 있을 수도 있습니다.

일본 제국시대에 주입된 잘못된 역사 사관의 영향으로 얼마나 많은 과거의 선진들의 삶의 모습이며 문화와 역사가 왜곡되었는지 알 수 없습니다.

잘못된 역사관을 퍼뜨리고 조장시켰던 일제의 나쁜 영향은 지금의 한국 사람들의 말과 행동 속에 은연중에 배어서 나타나고 있습니다.

지금도 우리의 삶속에서 일어나는 많은 사건이나 사고, 음모들이 보도 관계자들이나 영상 매체, 정치 조직들에 의해 감추어지고 많은 진실들이 돈이나 권력 때로는 이해관계 앞에서 묻혀져 가고 있습니다.

그러나 그 중의 극히 일부는 용기 있는 사람들에 의해 밝혀지고 있습니다.

진실을 밝히려다 죽어간 사람들이 있는가 하면 폭력이나 유혹 앞에서 무릎을 꿇은 사람들이 있습니다.

진실을 밝히려는 자와 자신들의 잘못을 숨기려는 사람들과의 줄다리기는 지금도 여전히 계속되고 있습니다.

전 국민을 우울증으로 몰고 간 세월호의 참사, 그 배가 인양되었다고 들었습니다.

과연 그 사고를 둘러싼 많은 의문과 진실을 우리는 제대로 들을 수 있을까요?

나라를 이끌어가는 지도자나 지배층이 돈이나 권력 그리고 눈을 현혹시키는 많은 유혹 앞에서 타협하고 무릎을 꿇을 때 그 사회는 갈수록 살기가 어려워집니다.

정의가 무너진 사회, 악이 판치는 세상에서 약자는 피난처를 찾기 어렵습니다.

인천 공항을 향해 달려가는 비행기에서 내려다보는 서울에는 공동묘지를 연상시키듯 수많은 십자가가 빛을 발하고 있다고 들었습니다.

그토록 많은 십자가가 한국 땅을 밝히는 데 왜 이토록 한국에서 전해져 오는 뉴스는 마음을 아프게 하고 우울하게 하는 내용이 많은 지 슬퍼집니다.

부디 우리 크리스천들이 세상의 빛과 소금의 역할을 잘 감당할 수 있게 될 수 있길 소망합니다.

천금여적

드라마나 영화 등 영상 매체로 접하는 세계에는 상상의 여지가 별로 없습니다.

그런 반면 문자만을 통해서 접하는 소설 속에서는 나름대로 주인공이나 정경을 자신의 취향대로 상상할 수 있습니다.

그러기에 원작 소설을 보며 상상의 날개를 펼쳤던 사람들이 영화나 드라마 화된 작품을 보며 자신의 생각과 별로 부합되지 않는 배역을 볼 때 배신감을 느끼곤 합니다.

헐리웃에서는 영화에 출연하는 배역을 선정하는 전문 직업인이 있다고 들었습니다.

대중들에게 인기가 있어 세월이 흘러 여러 번 다시 만들어지는 영화를 보면 출연자나 감독의 연출에 따라 같은 내용이 전혀 다르게 느껴지기도 합니다.

좋아하는 배우 로버트 레드포드가 나와서 즐겁게 보았지만 잘못된 배역 선정으로 유명하다는 "위대한 개츠비"는 작품의 완성도를 높이기 위해서는 적합한 출연자를 섭외하는 게 정말로 중요하다는 것을 실감나게 합니다.

재미있게 보았던 중국 드라마 "천산모설"에 출연했던 류개위와 "하이생소묵"의 당언이 같이 나왔던 드라마 "천금여적"을 작년부터 시작해서 드디어 다 보았습니다.

신분이 바뀌게 된 두 여자의 인생과 사랑 이야기가 참 박진감 있게 전개됩니다.

악역을 맡았던 여배우가 참 연기를 잘 했다는 생각이 듭니다.

자신이 바꿔치기한 신분과 삶을 유지하려고 그녀가 벌이는 끊임없는 악행과 간교한 행동들을 보며 사람 속에 잠재된 악의 모습이 소름끼쳐집니다.

그렇지만 죄는 미워도 사람은 미워하지 말라는 말처럼 그런 악의 화신과 같았던 사람도 진정 자신을 믿고 사랑해 준 두 사람을 통해 자신의 삶을 돌이키고 새사람으로서 거듭 나는 것을 보며 성경에서 말하는 회개라는 말의 의미를 실감하고 있습니다.

잘못을 감추고 회피하는 게 아니라 자신이 잘못한 일에 대해 어떤 불이익이나 처벌이 두려울 지라도 사과하고 용서를 빌 때 그 잘못에서 자유로워질 수 있다는 사실을 깨닫습니다.

자신이 한 악한 행동과 잘못을 끊임없이 덮으려 하다가 갈수록 더 깊은 악의 구렁텅이로 전락한 한 여인의 슬픈 인생이 안타까워집니다.

다행스럽게도 그 모든 잘못을 깨닫고 마음의 평안을 얻었기에 조금은 위로가 됩니다.

파우스트의 미소

대만 드라마 "파우스트의 미소" 19작 전부를 드디어 다 시청했습니다.

아무리 인터넷을 검색해도 한글 자막이 없어 그냥 영어 사이트에 올라온 영어 자막을 보며 아쉬움을 달랬습니다.

같은 중국어를 사용하지만 중국 본토에서 만들어지는 드라마와 대만에서 제작되어지는 드라마는 분위기가 많이 다릅니다.

말의 속도는 대만 드라마가 더 느려서 영어 자막 읽기가 수월한 편입니다.

중국 드라마에 자주 등장하는 유형중의 하나가 원수를 갚으려다 원수의 자식을 사랑하게 된 사람들의 사랑 이야기가 적지 않습니다.

류개위가 출연한 "천산모설"도 그 중의 하나로 슬픈 결말로 맺습니다.

"파우스트의 미소"도 비슷한 유형의 드라마이지만 다행이도 행복하게 마무리되어 기분이 좋습니다.

악의 씨를 뿌린 자가 있고 결국 그 결실을 누군가가 걷어 들여야 합니다.

옛날이야기와 다르게 우리가 살아가는 세상은 권선징악이 실감나게 느껴지지 않을 때가 있습니다.

상처입고 학대받고 부당한 일을 당한 사람들이 억

울함 속에 그냥 잊혀지기도 하고 악덕을 쌓으면서
도 형통하게 잘 사는 사람들도 있습니다.

권력과 돈 그리고 명예를 추구하는 힘 있는 사람
들이 자신들이 저지른 잘못된 행동을 더 많은 악
으로 덮어버리고 묻어버리기 때문입니다.

억울한 누명과 함께 비참하게 죽어간 아버지의 복
수를 하기 위해 칼을 갈았던 남자가 있습니다.

사랑하는 엄마의 잘못된 삶의 피해자로 모든 것을
감수하고 서로를 상처주고 파괴하는 미움의 연쇄
작용을 끊었던 여자가 있습니다.

그 둘의 사랑 이야기가 "파우스트의 미소"입니다.

진정한 회개와 용서만이 그 모든 악의 연쇄를 끊
을 수 있다는 게 성경의 가르침입니다.

미움과 증오는 상대방을 파괴시키기도 하지만 가
장 먼저 자신을 불행하게 만듭니다.

복수는 또 다른 복수를 낳고 거기에는 절대로 생
명이 살아날 수 없습니다.

한 사람의 사랑과 희생 그리고 삶 때문에 그 모든
미움과 증오가 종식되고 평화를 찾아가는 과정을
보면서 즐거운 시간을 보냈습니다.

하루 빨리 영어 자막이 완성되기를 기다리며 본
드라마입니다.

드라마 덕분에 내 영어 실력은 조금은 늘어나고
있는 것인지....

아화아적십칠세

대만 드라마 "여짐친림"을 보다가 거기에 출연한 남자 탤런트가 출연한 "아화아적십칠세"를 같이 보고 있습니다.
한국어로 직역하면 "나와 나의 십칠세"라는 뜻입니다.
중국어를 매일 공부하고 있지만 드라마에서
아는 단어나 문장을 접하기는 쉽지 않습니다.
그렇지만 조금씩 중국어도 늘어가고 있는 느낌입니다.
얼마 전에는 전철로 향하는 길목에서 중국인 부녀와 엇갈리는 길에 7,8세로 보이는 여자 아이가 아빠에게 한 긴 문장 중 유일하게 "커이마"라고 하는 말이 들려왔습니다.
또한 지난번에는 중국 아가씨들이 계단을 내려가면서 건네는 말 중에 "취나리아?'라는 말을 알아들을 수 있었습니다.
중국 드라마의 한글 자막을 기다리다 지쳐서 중국어를 배우기 시작했는데 영어 자막으로 볼 수 있는 사이트를 알게 되어 영어를 공부하는 게 더 빠른 길인 것 같은 생각을 하고 있습니다.
"아화아적십칠세"는 고등학교 시절 친하게 지냈던 동급생들이 오해 때문에 헤어져 13년 만에 만나서

그 동안의 오해와 사랑을 다시 회복해 가는 과정
을 잔잔하게 그린 드라마입니다.
감성이 풍부하고 사랑이 많았던 한 여고생이 17살
에 친한 친구들로부터 마음에 상처를 받고 자취를
감추게 됩니다.
그리고 13년이 흘러 재회하게 되었을 때 그녀의
변화는 놀라울 정도였습니다.
고등학교 때의 성격과는 너무나 다르게 변한 그녀
의 모습에 안타까워하며 그녀를 예전의 모습으로
되돌리고자 하는 남자의 사랑이 감동적입니다.
사람은 친하면 친할수록 사랑하면 할수록 그 사람
의 행동이나 말로 더 큰 상처를 받습니다.
믿었던 사람의 배신이나 무시가 더 큰 아픔을 줍
니다.
감성이 풍부하고 마음이 여린 성격이었기에 더욱
더 상처를 받고 자신을 보호하기 위해 13년을 철
벽처럼 둘러싸고 살아온 여자의 모습이 안타깝습
니다.
그녀의 모습을 보며 자신이 견딜 수 없는 상황이
나 한계 때문에 극단적인 선택을 한 사람들을 떠
올리고 있습니다.
사람들은 너무 큰 상처를 받거나 받아들이기 어려
운 상황에 처할 때 자신을 보호하기 위해 미치거
나 죽음이라는 수단으로 도피하게 됩니다.

그 중에는 살아 있지만 마음이 죽어 버린 사람들도 있습니다.

그런 사람들을 구할 수 있는 방법은 별로 없을 것입니다. 그들이 잃어버린 믿음을 다시 얻기가 쉽지 않기 때문입니다.

13년 전에 사랑했던 소녀를 다시 만나게 되어 그 기회를 절대로 잃을 수 없다며 자신의 사랑을 전하기 위해 노력하는 남자 주인공의 모습이 감동적입니다.

17세 때에 잃어버린 사랑과 우정을 13년 뒤의 우연한 재회를 통해 다시 회복할 수 있는 기회를 얻게 된 사람들의 이야기를 보면서 그들의 인생은 아주 절망적이지 않았다는 것에 감사합니다.

드라마가 아닌 현실에서는 두 번째의 기회를 갖지 못 한 사람들이 많이 있겠지요?

돌이킬 수 없는 잘못과 아픔, 그리고 용서받지 못한 사람들이 회한을 안고 살아가고 있을 지도 모릅니다.

부디 그런 사람들이 없길 바라는 마음입니다.

회복되지 않는 관계처럼 우리를 아프게 하고 병들게 하는 것은 없습니다.

오해로 인해 때로는 잘못된 말 한마디와 행동 때문에 사람들의 관계는 깨어집니다.

여짐친림

"여짐친림"은 수영 시합을 하다가 불행이도 사고를
당해 자신의 존재 자체를 숨기고 살게 된 한 남자
와 전생의 연인을 만나 사랑을 하고 싶어 하는 여
자의 사랑 이야기를 그립니다.
특이한 소재이기에 자주 드라마에 다뤄지는 게 쌍
둥이를 그린 이야기입니다.
일란성 쌍둥이이기에 일어날 수 있는 복수극이나
대리 인생이 흥미롭지만 이 드라마에서는 그런 자
극적인 내용은 별로 없습니다.
일란성 쌍둥이로 자라다가 우연히 바꿔 입은 옷으
로 인해 오해를 받아 자신의 삶을 포기하고 죽은
쌍둥이 형으로 살아가는 남자의 고뇌가 그려집니
다.
"가면"이라는 한국 드라마도 있었지만 본연의 자신
이 아닌 "가면"을 쓰고 살아가는 인생은 얼마나 피
곤할까 하는 생각을 합니다.
쌍둥이 형으로 살아가야하기에 먹는 취향까지 숨
기고 살아야 했던 남자가 유일하게 자신을 드러낼
수 있었던 장소가 게임의 세계라는 게 시사적입니
다.
점점 더 복잡해지고 바쁘게 돌아가는 사회에서 이
런저런 이유와 사정으로 현대인들은 좋든 싫든 가

면을 쓰고 살아가고 있지는 않을까요?

무심코 쓰게 된 가면을 벗을 수 없게 되어 점점 더 표정을 잃어가는 사람들이 많아지는 사회에 살고 있습니다.

가면을 쓰고 살아가는 사람들은 끊임없이 자신의 감정을 속이고 살아가기에 어쩌면 그런 시간이 길어지면 길어질 수록 사람들의 감성은 무디어 갈지도 모릅니다.

그리고 그런 사람들을 찾아오는 게 "우울증"과 "불면증"은 아닐까 생각합니다.

너무나 오랫동안 쓴 가면 때문에 진짜 자신을 잊어버린 사람도 있을 것입니다.

그들은 그 마음의 공백을 어떻게 메꿔갈까요?

게임의 세계에서 조금이나마 마음의 위로를 얻게 된 남자를 떠올립니다.

자신을 있는 그대로 표현할 수 있는 세계를 찾아 위로해 줄 그 무엇을 찾아 지금도 방황하는 사람들이 있겠지요?

부디 그들이 진정한 평화를 찾게 되길 바라는 마음입니다.

그 진정한 평화는 단지 창조주 하나님을 만날 때만이 얻을 수 있다는 사실을 깨닫게 되는 우리들이 되기를....

친애적번역관

전문 통역사를 꿈꾸며 관련 회사에 취직한 여자의 이야기입니다.

한국 드라마 제작 현장에서 쉽게 접할 수 없는 전문 통역사들의 이야기를 담았습니다.

동시통역, 순차 통역, 국제회의 통역 등등 최고 수준의 실력을 가진 통역사들이 통, 번역의 세계에서 실력을 발휘하기 위해 얼마나 치열하게 노력하는가를 알 수가 있습니다.

전문 통역 기관에서 배운 경험은 없지만 단지 일본에서 오래 살았고 자신의 능력을 시험해 보기 위해 짧은 기간 통역으로 일을 해 본적이 있습니다.

경찰서에서의 피의자의 취조 과정이며 변호사와의 면담이며 재판 통역입니다.

신학교를 졸업하고 나서는 잠깐 동안 예배 통역을 했습니다. 일본 선교 차 온 선교팀의 부탁으로 오래간만에 집회 통역을 했지만 한 달에 한 번 모이는 선교 모임 외로는 거의 통역을 할 기회는 없습니다.

한국어로 된 책을 읽고 쓰고 말할 기회가 별로 없기에 잊어가고 있는 한국어와 함께 실생활에서 별로 사용하지 않기에 같이 잊어져가는 일본어 실력도 모두 둘 다 어중간한 상태에 머물러져 있습니다.

통역을 하려면 어학에 대한 실력뿐만 아니라 두 나라의 정치·경제·사회·문화 등 사회 전반에 걸쳐 배경지식을 쌓아야 합니다.

신학교 교재 번역을 부탁받았을 때 그 것을 통절히 느꼈습니다.

한국에서도 교회에 나가지 않았던 내게 있어서 신학생을 가르치기 위해 만들어진 신학교용 교재를 일본어로 번역한다는 것은 무리한 요구였습니다.

일상생활 회화는 어느 정도 통역을 할 수 있지만 기독교 문화와 전문 용어를 모르는 상태에서 번역을 할 수 없다는 것을 깨닫고 처음으로 신학교에서 공부를 해야 하나라는 생각을 했습니다.

일본 교회에 방문한 한국인 선교사의 짧은 설교를 통역하는 과정에서 "에스더서"를 일본어로 어떻게 표현하지 못 해 당황했던 적이 있습니다.

두 나라의 성경에서 표시되는 인명이며 지명은 정말로 차이가 많이 나는 것을 신학교에서 공부하며 성경을 읽어가면서 여실히 알게 되었습니다.

"삭게오"라는 이름이 일본어로는 "자아카이"로 발음이 되는 것을 들으며 폭소를 터뜨렸습니다.

"에스겔"이 "에제키에르"라고 표기되는 것을 한국인들은 상상이라도 할 수 있을까요? 스마트폰이 보급되면서 이제는 스마트폰에 설치된 많은 어학용 앱을 통해 굳이 외국어를 힘써서 공부하지 않아도 외국 여행을 쉽게 할 수 있는 세상이 되어가고 있습니다.

그렇지만 지구촌이라 불리워지는 요즘의 국제 정세에서 실력 있는 전문 통역인들의 필요성은 여전히 남아 있습니다. 전문 통역인이 되기 위해 그들이 투자하는 시간과 노력은 일반인으로서는 상상할 수 없습니다.

그러나 투자한 시간과 노력보다는 높이 평가되지 않는 게 어쩌면 통역이며 번역의 세계인지도 모르겠습니다.

재판 통역을 할 때는 미리 많은 자료를 받고 준비할 시간이 있었지만 개인적으로 통역을 의뢰하는 사람들은 준비 작업의 필요성도 잘 인식하지 못하는 것 같습니다.

준비한 원고가 있다면 그 것을 미리 통역에게 보내줄 필요가 있습니다.

모르는 단어를 찾거나 제대로 잘 전달될 수 있도록 더욱 더 철저히 준비할 수가 있기 때문입니다.

아무것도 모르는 상태에서 투입되는 현장에서 단어를 잘 몰라 말이 막히거나 내용을 잘 몰라 잘못 통역이 된다면 결국 그 결과는 통역인보다는 전달자의 불이익으로 남게 되기 때문입니다.

지하철

2005년에 제작되었다는 드라마 "지하철"에도 곽
건화가 출연합니다.
지금 한창 결혼 소문으로 화제성이 있는 곽 건화,
임 심여라는 배우들이 처음으로 만나게 된 드라마
라고 합니다.
검색해 보니 시각 장애자인 여성과 백혈병으로 죽
게 되는 화가의 슬픈 사랑이야기라고 기록되어 있
습니다.
아직 4편에서 멈춰있기에 이야기는 많이 진전되어
있지 않은 상태입니다.
시각 장애자용의 하얀 지팡이를 짚고 걷는 여주인
공의 모습을 보며 신학교 때 알게 된 시각 장애인
과의 일이 떠오릅니다.
눈이 보이는 세계를 당연히 여기며 살고 있는 내
게 있어 밤중에 일어나 화장실에 가면서 겪는 잠
깐의 시간도 어두움 때문에 행동이 얼마나 제한되
는지를 느낄 수가 있습니다. 그런 시간이 죽을 때
까지 계속 된다면 얼마나 불편할까요?
평상시에는 생각지도 않았던 장벽에 부딪혔을 때
새삼 눈이 보이지 않는 사람과 같이 행동할 때 유
의해야 할 일을 하나 배우게 되었습니다.
그녀와 만날 때는 대부분 신을 신은 채 탁자에서

식사를 하는 경우가 많았는데 그 날은 신을 벗고 방으로 들어가서 식사를 했습니다.

식사를 마치고 나오려는 순간 시각장애자인 친구가 어떤 신을 신었는지 생각이 나지 않는 것입니다.

몇 사람의 신이 같이 신장에 들어 있는 상태에서 이것인가, 저것인가 고민하다가 겨우 찾아서 신고 돌아왔습니다.

초등학교 저학년 때부터 시력이 문제가 생겨 20대 초반에 완전히 실명을 하게 된 그녀는 병원의 옥상에서 뛰어내리려고 했다고 합니다.

옥상에 데려다 달라는 그녀의 부탁을 어머니는 들어주지 않았습니다.

그런 어머니도 돌아가시고 이제는 수 십 년을 그런 상태로 혼자서 억척스럽게 살아가고 있는 그녀를 보며 장애를 안고 살아가야 한다는 게 얼마나 힘들까하는 생각을 합니다.

장기 기증이 많은 문제를 일으키고 있지만 각막 기증을 통해 어둠에 갇혀 있던 사람이 빛을 볼 수 있다면 그 것은 얼마나 큰 기적일까요?

그는 닫혀져 있던 또 하나의 세계를 살아갈 수 있습니다.

눈이 아프고 불편해지니 전혀 의식하지 않고 살았던 눈을 많이 의식하는 삶이 되고 있습니다.

청견행복

눈이 아프니 드라마 상에 그려지는 시각 장애나 실명이 남의 일이 아닌 내 일처럼 절실하게 다가옵니다.

태어날 때부터 어떤 장애를 안고 평생을 불편하게 사는 사람도 있지만 평범한 생활을 하다가 사고나 병으로 장애를 갖게 되는 사람도 있습니다.

운전대를 놓는 그 순간까지 사고의 위험은 항상 따라오듯이 이 세상을 떠나는 순간까지 언제든지 우리는 장애자가 될 수 있는 위험을 안고 살아갑니다.

잔글씨가 보이지 않아 돋보기를 찾게 될 때 나이가 들어간다는 슬픔과 함께 어둠을 감수하며 살아가야 하는 시각 장애인들의 불편을 깨닫게 됩니다.

무릎이 아파서 계단을 내려가면서 절룩거리게 될 때 다리에 장애가 있어 힘든 삶을 살아야 하는 장애인들을 떠올리게 됩니다.

당연히 여겼던 일들이 하나, 둘 어려워질 때 우리는 나이가 들어가게 됨을 깨닫고 간접적으로나마 장애자의 기분을 조금이나마 느껴가게 됩니다.

교통사고로 사랑하는 약혼녀와 시각 기능을 잃게 된 사업가의 사랑 이야기가 그려지는 드라마가 "

청견행복"입니다.

한 사람이라도 더 건강한 삶을 살기 원해 죽어가는 사람들에게 장기 기증을 애원했던 마음이 착했던 한 여인의 짧은 인생과 그녀를 너무나 사랑했기에 자신의 인생까지도 포기하려고 했던 한 남자의 사랑 이야기는 참 애절한 느낌입니다.

이 세상을 만드신 하나님의 속성은 그 자체가 사랑이시다라고 성경은 말합니다.

그리고 하나님이 만드신 모든 창조물속에서 우리는 그것을 만드신 분의 성품과 사랑을 발견할 수 있습니다.

사랑에 빠진 남, 여의 모습을 보면서 자식을 위해 목숨을 내어 주기까지 하는 부모의 사랑을 보면서 우리는 하나님의 성품인 사랑을 느껴볼 수가 있습니다.

언어와 문화를 떠나 모든 나라에서 그려지는 사랑의 드라마는 대부분 비슷한 감정과 행동으로 표현됩니다.

때로는 유치하게 보이기까지 하는 연인들의 말과 행동까지도 서로에게 너무나 빠져있기에 벌어지는 일이기에 용서가 됩니다.

신학교에 다닐 때도 젊은 동급생들에게 연애 이야기를 물어보았습니다.

세월을 먹어가는 지금도 내게 있어 흥미 있는 것

은 아름다운 사랑이야기입니다.

사랑을 할 만한 나이의 젊은 사람들이나 화려한 연애 경력이 있는 사람들을 보면 그들만의 연애 이야기가 궁금해집니다.

어느 날 갑자기 누군가를 보고 가슴이 뛰는 사랑에 빠집니다. 잠시 동안의 이별도 힘들어 지기에 결혼을 하게 됩니다. 그리고 허락된 사람들은 사랑하는 사람들을 닮은 아이들을 낳고 살아갑니다.

물질문명이 발달되고 모든 것이 편리해져 가는 이때에 사람들은 점점 이기적으로 변해가면서 이제는 순수한 사랑의 형태도 많이 변질되어 가고 있는 느낌입니다.

드라마에서는 두 쌍의 연인을 통해 어떤 것이 진정한 사랑의 속성인가를 그려냅니다.

우선순위를 보면서 그 사람의 사랑의 밀도를 깨닫게 되고 사랑하는 사람의 행복을 위해 헌신하는 모습을 통해 그 사랑이 전달되어 옵니다.

마음이 담겨지지 않은 말이나 행동이 영적인 존재인 사람들에게는 너무나 투명하게 전달되기에 그 자체만으로도 상처를 주게 되고 사랑하는 사람을 위해 우선적으로 자신의 시간을 내 주고 사랑하는 사람을 행복하게 하기 위해 정성을 들이는 모습을 보며 내 마음까지 행복해집니다.

Hi, 상반여랑

취업난이 힘들어서 그런지 경제적으로 어려운 가
정의 어린 아이들의 꿈이 정규직이 되는 것이라는
말을 들었습니다.

안정된 삶을 추구하기에 공무원이 되려고 하는 사
람들이 줄을 서고 돈을 많이 벌수 있기에 의사가
되는 사람들이 늘어가는 세상이 되었습니다.

그렇지만 취업의 문은 좁고 경쟁 상대는 많기에
청년 실업 문제가 해결되지 않은 상태에서 중, 장
년의 실업까지 겹치고 있습니다.

힘든 학업을 마치고 취업을 준비하면서 이력서 다
발이 쌓여가고 면접에 떨어지는 횟수가 늘어나면
서 때로는 인생을 포기하고 싶어지는 경우도 있습
니다.

자신을 필요로 하는 곳이 없다는 사실을 깨달을
때마다 살아 있을 필요가 있는 것일까라는 회의까
지 들기 때문입니다.

다행이 취업이 되었다 해도 많은 경우 직장 생활
에 적응을 못 하고 자신에게 맡겨진 일에 흥미를
느끼지 못 하거나 인간관계 또 다른 여러 가지 이
유로 사직서를 내고 싶은 때도 많은 것 같습니다.

인간관계도 어렵지만 인생의 많은 부분을 할애해
야 할 직장에서 자신이 맡아서 해야 하는 일에서

만족을 느낄 수 없을 때는 더욱 더 힘들지 않을까 여겨집니다.

자신의 감성이며 실력을 발휘할 수 있는 일을 맡게 된 행운의 사람들이 있지만 대부분의 사람은 누구나 할 수 있고 세월이 흘러도 여전히 제자리 일 것 같은 잡무를 처리해야 합니다.

그런 매일 매일이 쌓여 가면 사람들은 자신만이 할 수 있는 일을 찾고자하는 갈망을 갖게 됩니다.

어떤 내용의 드라마인지 알 지 못 하고 시작한 드라마이지만 직장 생활에서 느끼는 회의와 갈등이 예전의 내 모습을 보는 느낌이었습니다.

청소년들의 동경의 대상이라는 한 비야씨는 가슴 뛰는 삶을 살라는 말을 언론 매체며 강연에서 하고 있습니다.

한 번뿐인 인생이기에 큰 뜻을 품고 세상을 이롭게 하는 일에 자신의 청춘을 불사르고 정말로 좋아하는 일을 찾아서 할 수 있다면 얼마나 좋을까요?

그러나 그런 일과 일자리를 발견한 행운의 사람들은 그렇게 많지 않은 느낌입니다.

더 나은 삶을 더 자신에게 맞는 일이 있는 것 같아 사람들은 다른 길을 떠나려 합니다.

그러나 또 누군가는 말합니다.

"당신이 있는 그 자리에서 꽃을 피우라"고.

타래료청폐안

로맨스물이 많은 한국 드라마와는 달리 참으로 많은 수사극이 방영되는 나라가 일본인 것도 같습니다.

채널을 돌릴 때마다 반드시 어디에선가는 선혈이 낭자하고 끔찍한 범죄 현장과 수사관이며 탐정이 등장합니다.

처음 일본에 와서 "화요 서스펜스 극장"이란 수사 드라마를 보면서 일본어 공부를 한 적이 있습니다.

선전이 중간 중간 삽입되지만 2시간 정도 시간을 들여 범인을 밝히는 수사극을 보면서 핵심적인 단어는 사전을 찾아 드라마의 내용을 따라간 기억이 납니다.

드라마가 진행되면서 흘러나오는 음악이 참 좋았습니다.

일본에 와서 처음으로 좋아하게 된 노래 "간다가와"도 화요 서스펜스 극장에서 들었습니다.

일본어가 어느 정도 익혀지고 나서는 이제는 굳이 폭력물이나 수사극을 보지는 않고 있습니다.

그런 내가 얼마 전부터 우연히 보게 된 중국 드라마 "타래료청폐안"에 푹 빠져 지냈습니다.

2년 전 로버트 K. 레슬러가 쓴 "FBI심리분석관"이란 책을 참 재미있게 본 기억이 있습니다.

범죄자들의 이상 심리를 아주 재미있게 기록해간 책입니다.

일반인들의 심리도 흥미롭지만 끔찍한 사건이나 범죄를 저지른 사람들의 영혼 깊숙이 숨어 있는 놀라운 정신세계가 소름끼쳤지만 손에서 책을 떼지 못 하게 했습니다.

정신 분석학이며 심리학에 많은 흥미를 가지고 한 때 그 분야의 유명한 책을 정신없이 읽었던 나는 지금도 여전히 그런 분야에 관심이 있습니다.

정신과 의사가 되고 싶었던 적이 있었지만 타고난 곰과 인간인지라 별로 눈치도 없고 관찰력이 없어서 취미로만 즐기고 있습니다.

"타래료청폐안"은 범죄 심리학자가 주인공으로 등장합니다.

복잡하고 구성이 탄탄하고 전개가 긴박하고 군더더기 없이 진행되어 지루한 감을 느끼지 않고 푹 빠져서 보았습니다.

곽 건화라는 남자 배우를 처음으로 알게 된 드라마이기도 합니다.

원작 소설을 드라마화한 까닭인지 별로 엉성한 느낌이 없습니다.

드라마를 보면서 두 가지 느낀 점이 있습니다.

하나는 누군가의 표적이 될 때 그의 약점이 될 수

있는 대상이 그가 사랑하는 사람이라는 것입니다.
아이큐 180의 천재 범죄 심리학자를 자신의 경쟁
자이자 같은 편으로 삼고 싶은 이상 심리의 범죄
자는 결국 오랫동안의 관찰을 통해 그의 약점과
두려움을 발견하게 됩니다. 그리고 그 것을 이용
하여 주인공을 공격하게 됩니다.

이 과정을 보면서 내 머리에 불현듯 떠오른 생각
은 에덴 동산의 비극이었습니다.

하나님이 너무나 사랑했기에 약점이 될 수밖에 없
었던 인간을 악마는 공격했습니다.

그리고 약했던 인간은 그 공격에 무너졌고 사랑하
는 대상을 지키기 위해 하나님은 결국 크나큰 희
생을 치러야만 했습니다.

사랑하면 사랑하게 될 수록 그 대상이 다치게 될
것을 염려하게 되고 그게 약점과 두려움이 되게
됩니다.

또 하나는 천재 범죄자가 천재 심리학자를 자신의
수하로 끌어들이기 위해 끊임없이 노력하듯이 지
금도 악의 세력들은 하나님을 믿고 따르는 무리들
을 자신의 진영으로 끌어들이기 위해 약점을 찾아
내고 수많은 방법을 통해 치열한 공격을 하고 있
다는 것입니다.

애재이별시

차 인표씨가 출연한 중국 드라마 "애재이별시"를 얼마 전부터 재미있게 보고 있습니다.

중국 드라마에서는 성우들이 더빙을 해서 중국어를 하지 못 해도 외국 배우며 탤런트들이 출연을 할 수 있다고 합니다.

이제는 한국 배우들도 많이 중국 대륙에서 활동을 하고 있습니다.

익숙하지 않은 중국 배우들과 함께 낯익은 얼굴이 출연한 드라마를 보면서 손색이 없는 한국인들의 미모에 가슴이 뿌듯해지고 반가운 마음입니다.

출생의 비밀이 자주 드라마의 소재로 사용되지만 이 드라마에서도 대기업의 딸과 사형수의 딸의 뒤바뀐 운명과 그로 인해 벌어지는 여러 가지 사건들을 흥미롭게 전개시키고 있습니다.

바뀐 딸을 친 딸로 알고 살아온 아버지가 딸의 연적인 줄 알고 친 딸을 죽음으로 몰아가고 진실을 알게 되어 통곡하는 장면이 있습니다.

복수라는 잘못된 생각이 돌고 돌아 정녕 사랑하고 행복을 빌어줄 자신의 딸을 해치는 결과가 되었을 때 그 충격은 얼마나 큰 것이었을까요?

그 사실을 직시할 때 그가 느낀 너무나 깊은 아픔과 회한이 보고 있는 나에게 전달되어 오는 느낌이었습니다.

복수는 미움과 증오의 감정의 결과 생깁니다.

그러나 그 미움과 증오는 상대에게 전달되기 전에 이미 자신의 마음과 영혼을 죽인다는 사실을 알고 있습니까?

성경에서는 그 날의 화와 미움을 그 날로 풀고 잊으라고 적고 있습니다.

그 미움이 결국 자신을 죽이게 되기 때문입니다.

지구의 이 곳 저곳에서 지금도 총구를 들이대고 서로를 미워하며 죽이고 있습니다.

복수가 복수를 낳고 미움과 미움이 서로를 상처주고 끝없는 악순환을 되풀이하게 하는 이 연쇄를 용서와 사랑만이 끊을 수 있습니다.

부디 "서로 사랑하라"는 마지막 유언을 남기시고 십자가를 지신 예수님의 부탁을 실천하는 우리들이 되길 바라는 마음입니다.

막비저취시애정

남자 주인공이 한국 탤런트 하 지원과 너무 닮아서 신기했습니다.

드라마에서 유명한 머피의 법칙을 하나씩 인용하며 내용을 전개해갑니다.

이 드라마는 사랑하는 사람과의 이별 때문에 상처를 안고 살아가는 두 남녀의 이야기가 그려집니다.

결혼 정보 회사의 직원과 이혼한 부부들의 사후 관리(?)를 담당하는 회사 사장과의 우연한 만남으로부터 시작된 이 드라마는 헤어진 연인과의 상처에서 벗어나지 못한 두 남녀가 새로운 만남을 통해 다른 사랑을 발견해가는 과정을 아름답게 그리고 있습니다.

대만 드라마에 자주 등장하는 억지스럽거나 유치한 설정으로 웃음을 자아내는 장면이 없어서 안심하며 볼 수 있었습니다.

이야기를 더 흥미롭게 만들기 위해 대부분 등장하는 악역도 없습니다.

드라마를 보면서 스트레스를 받게 하는 악역이 등장하지 않아도 내용 전개가 자연스럽게 진행되기에 마음이 평온합니다.

인류의 공통적인 감정인 사랑에 빠진 사람들의 모

습을 보며 어느 사회나 그 모습은 비슷하다는 데
에 공감하고 있습니다.

기쁨과 설렘 그리고 관심과 같이 있고 싶은 마음
들이 섬세하게 연출된 드라마입니다.

기억하고 싶은 추억을 많이 가진 사람이 결국은
성공한 삶을 산 사람이겠지요?

그러나 많은 추억 속에는 기쁨보다는 아픔으로 다
가오는 추억도 있을 것입니다.

누군가에게는 즐거운 기억으로 다가오는 물건이며
풍경이 누군가에게는 슬프고 아픈 기억과 함께 떠
올리는 추억이 될 수도 있습니다.

사랑했던 연인과의 이별의 자리에서 마셨던 샴페
인이 준비된 술자리에서 그 때를 떠올리며 가슴아
파하는 여주인공의 모습을 보며 사랑한 만큼 이별
의 상처는 더 깊고 아프다는 사실을 깨닫습니다.

그리고 더욱 가슴 아픈 사실은 사랑했던 연인들이
나 부부들이 식어버린 사랑 앞에서 상대방에 대해
환멸만을 안고 돌아선다는 것이 더욱 더 슬픕니
다.

어떤 이유로든 이별을 해야 한다면 서로의 새 출
발을 축복하며 다음에 만날 때에도 얼굴 붉히지
않고 서로를 마주할 수 있다면 얼마나 좋을까요?

드라마의 남자주인공이 세운 회사도 그런 소망을
실현시킨 것인지도 모르겠습니다.

이혼까지 이르면서 받은 상처를 치유하고 이제는 남남으로 돌아선 사람까지도 또 다른 좋은 관계로 회복시킬 수 있는 프로그램이 있다면 좋겠습니다.

그렇지만 우리가 사는 세계에서 그런 행복한 사람들은 별로 없는 것 같습니다.

부서진 가정과 서로에 대한 미움과 아픔을 안고 사람들은 기억 속에 새겨진 아픈 상처를 되새기며 또 다른 인생을 살아가야만 합니다.

만남은 쉽게 이루어지지만 그 만남을 통하여 형성되어 간 인간관계를 오래도록 좋은 관계로 이어가기는 참으로 어렵습니다.

한순간의 말이나 행동으로 망가지기도 합니다.

하나, 둘 쌓여간 불만과 해결하지 못 한 오해와 너무 가볍게 생각한 잘못이 그리고 무관심과 배려가 없는 행동이 귀한 만남을 망치는 계기가 됩니다.

지구라는 별에 인간으로 태어나 이 세상을 떠나는 그 순간까지 누군가와 관계를 맺고 살아갑니다.

짧다면 짧고 길면 긴 삶속에서 수십억의 사람 중에 주어진 그 귀한 만남을 정녕 사랑하면서 살아갈 수 있게 되길 바라는 마음입니다.

래불급설아애니

중국 드라마를 통해 알게 된 배우 종한량이 출연하는 드라마를 얼마 전부터 보고 있습니다.

한국어 제목이 "래불급설아애니"로 검색해 보니 이 드라마의 뜻은 "미처 하지 못한 말 사랑해"라고 합니다.

좋아하는 드라마의 대부분이 현대물로 거의 사극이며 근대를 배경으로 한 드라마를 보지 않지만 순전히 종한량이 출연했던 드라마이기에 보게 되었습니다.

중일 전쟁이 일어나기 전의 중국의 어지러운 세태를 반영하기에 처음부터 드라마 끝부분까지 전쟁 장면과 군부의 모습이 많이 그려집니다.

제복 차림의 남자들에게 여자들은 매력을 느끼고 동경한다지만 때로는 그 색상이며 디자인 때문에 그 환상이 깨지기도 하는 것 같습니다.

집착남과 소유욕의 대명사 등으로 나타나는 패림이라는 남자의 사랑 이야기는 회중시계와 함께 시작되어 그 회중시계로 인해 드라마가 마감됩니다.

남자와 여자가 만나 서로 사랑에 빠지게 되고 그 사랑이 이루어지기까지 때로는 이토록 많은 시련과 아픔이 필요하다면 사랑이라는 것이 정말로 힘든 것만 같습니다.

차라리 평범하거나 볼품없는 외모였다면 겪지 않아도 될 시련이 미인들에게 주어진 아름다움 때문에 치러야 할 대가인지도 모르겠습니다.

주인공 두 남녀의 사랑을 얻기 위해 때로는 목숨까지도 바치는 사람들의 모습을 보며 과연 사랑이란 어떤 것일까를 생각해 보게 됩니다.

근지와 신지라는 두 남매가 나타내는 사랑의 형태가 참 가슴 아프면서도 너무나 다른 사랑의 모습에 안타깝기도 했습니다.

사랑하지만 자신의 사랑을 강요하기 보다는 그 사람의 행복을 빌며 그 사람의 사랑을 이뤄가기 위해 자신을 희생하는 신지라는 남자가 하는 사랑과 원하는 것은 절대로 손에 넣는다며 영혼 없는 사랑을 선택하는 근지의 사랑이 있습니다.

아무리 노력해도 끝까지 돌아보지 않는 사람을 위해 수많은 희생을 치루고 마지막까지 그 사랑을 갈구하며 자신의 목숨까지도 바치는 여인의 사랑을 보며 그 사랑의 집착에 놀랍기도 하고 그토록 절절하게 할 수 있는 사랑은 과연 어떤 것일까 궁금해지기도 합니다.

가볍게 즐기고 헤어지는 사랑이 많아지는 가운데 드라마속에 그려지는 사랑을 보며 아마도 이런 사랑은 가상공간에서나 가능하지 않을까하는 생각도 듭니다.

하이생소묵

뜻하지 않게 헤어진 두 연인이 재회하게 되면서
과거와 현재가 교차되며 드라마가 전개됩니다.
70억이 넘는 전 인류의 대부분이 인생의 어떤 시
기에 사랑을 하고 그 중의 행복한 경우 그 사랑이
연애와 결혼으로 이어집니다.
수많은 사람 중에 누군가와 사랑에 빠지고 행운의
사람만이 정말로 좋아하는 사람과 같이 인생을 보
내곤 합니다.
둘 사이에 벌어지는 보이지 않은 감정의 끈이 생
각할수록 기묘합니다.
연애 드라마를 즐겨 보면서 언제나 느끼게 되는
것은 삼각관계나 사각 관계에서 짝사랑으로 끝나
는 사람들의 감정과 절대로 연인이나 이성으로 변
하지 않은 관계의 불가사의함입니다.
몇 년 몇 십 년을 같이 지내며 정성을 다해 자신
의 사랑을 표현하는 사람들이 있습니다.
그렇지만 그 중의 어떤 사랑은 보상받지 못 하고
끝나기도 합니다.
이성으로 발전하고 연인이나 부부로 맺어지는 남
녀 사이에는 과연 어떤 신기한 감정의 교류가 생
기는 것일까 항상 궁금합니다.
드라마를 보다 보면 어떤 짝사랑에는 시청자의 입

장에서 개인적으로 맺어졌으면 하는 마음이 들 때도 있습니다.

그렇지만 그 것은 작가의 의도로 인해 실망과 포기로 끝을 맺곤 합니다.

설혹 그 사랑이 행복하게 아니면 슬프게 끝났다 할지라도 누군가를 그리워하고 같이 있고 싶어 가슴 설레던 그 시간만큼은 누구나 잊지 못 할 아름다운 순간으로 기억속에 남아 있을 것입니다.

그런 사랑을 한 사람들 그런 추억을 지니고 있는 사람은 참 행복하겠지요?

이 드라마에는 여주인공이 항상 안타까운 마음과 함께 그리워하는 시절이 여대생 시절입니다.

사랑에 빠지고 행복했던 시간과 기억이 반복되는 회상 장면과 함께 돌아갈 수 없는 시간에 대한 아쉬움과 함께 그려집니다.

살아온 인생을 돌아볼 때 잊지 못 할 사랑 이야기가 있고 세월이 지나도 항상 미련이 남고 돌아가고 싶은 시절은 언제일까요?

그 시간은 각자에게 다 다르겠지요.

다른 기억과 감정과 함께 떠오르는 시간과 사람들 그리고 느낌들...

부디 그 추억의 그림들이 행복한 감정으로 남아 있길 바라는 마음입니다.

나비지애

중국이 신분과 계급이 엄격했던 시절에 살았던 양
산백과 축 영대라는 두 연인은 중국판 로미오와
줄리엣이라고 합니다.

여자에게는 공부를 할 수 있는 길이 열려지지 않
았던 시절에 공부를 하고 싶다는 열망 때문에 남
장을 하고 서원에 들어간 여인이 거기서 만난 가
난한 서생을 사랑하게 되고 그 사랑이 깨지면서
둘 다 비극적인 죽음을 맞이하게 된다는 이야기입
니다.

두 사람의 영혼이 나비로 환생했다는 설화 같은
내용으로 그래서 제목이 "나비지애"입니다.

공부를 하기 위해 남자로 변장하고 서원에 들어가
서 공부를 하는 과정에서 일어나는 사건들이 재미
있게 전개되고 있습니다.

아무리 남장을 해도 여자가 보기에는 금방 들통이
날 것 같은데 정말로 저렇게나 둔한 사람들이 있
나 싶을 때도 있습니다.

3년 동안 같이 숙식을 한 남장 여자를 알아채지
못 하는 둔한 감각의 소유자이자 책벌레가 남주인
공의 양 산백입니다.

그러나 그의 성품과 인격이 참으로 고결하여 적대
시하던 사람까지 그를 인정하고 존경하게 되는 것

을 보면서 과연 저런 인품의 소유자가 존재할까 궁금해집니다.

아마도 삼국지의 유비 현덕이 비슷한 성품이지 않았을까요?

남장을 해도 도저히 남자로 보이지 않는 여주인공의 미모가 상황을 납득할 수 없게 하지만 그녀의 너무나 간절한 사랑의 모습이 보는 사람의 가슴을 아프게 합니다.

자신의 목숨보다도 더 상대방을 사랑할 수 있는 관계는 얼마나 존재할까요?

남자들의 그런 우정은 성경에서 사울왕의 아들 요나단과 양치기 소년 다윗에게서 볼 수 있습니다.

너무나 좋아하기에 잠시의 헤어짐도 애절했던 그들의 사랑이 결국 비극으로 끝나야만 했기에 그토록 오랫동안 중국인들의 마음에 남아 있는지도 모릅니다.

쉽게 만나 가볍게 사랑을 하고 간단히 헤어지는 인스턴트 사랑이 만연된 현재이기에 그들의 사랑이 더욱 더 가슴에 와 닿는지도 모릅니다.

이해관계가 아니라 순수하게 사랑하고 상대방을 위해 목숨까지도 버릴 수 있는 사랑, 그런 사랑을 할 수 있다는 것만으로도 어쩌면 그들은 행복했는지도 모르겠습니다.

진애황언

하얀 거짓말이라는 아침 드라마로 방영된 한국 드라마가 중국에서 "진애황언"이라는 제목으로 만들어졌습니다.

한국판은 본 적이 없지만 우연히 보게 된 이 드라마를 검색하다 원래 한국 드라마를 중국어판으로 만들었다는 것을 알았습니다.

자폐증을 앓는 남자와 그를 간호하면서 전개되는 사랑 이야기는 야망과 복수 그리고 출생의 비밀이라는 요소가 더해지면서 더욱 더 박진감 있게 전개됩니다.

자폐증을 앓는 남자의 너무나 지순한 순애보가 특히 마음에 들었습니다.

자신만의 세계에 갇혀 지내는 삶은 어떤 세계일까 궁금해집니다.

드라마처럼 자폐를 앓는 사람이 보통 사람처럼 일상생활에 참여할 수 있는지 모르겠습니다.

그렇지만 사랑은 기적을 낳기에 그런 기적이 드라마처럼 존재한다는 것을 믿고 싶습니다.

18세의 약정

첫사랑의 기억, 금기시되는 사랑의 형태 중에서 스승과 제자의 연애도 있지 않을까 여겨집니다.
대만 드라마 "18세의 약정"은 고교생과 선생의 사랑 이야기를 그리고 있습니다.
드라마를 보면서 유교적 성향이 짙게 남아 있는 한국보다 대만은 그런 사랑의 형태가 크게 문제는 되지 않는 것은 아닌가라는 생각을 하고 있습니다.
17살 여고생이 칵테일을 가르치는 선생님을 사랑하여 저돌적으로 자신의 사랑을 표현해가는 모습 속에 젊은 열정은 저토록 무모할 만큼 그 사랑에 충실할 수 있나 싶습니다.
자신이 노력한 만큼 선생님의 사랑을 얻을 수 있으리라 여겨졌던 이기적인 사랑에서 상대방의 행복을 원하는 사랑의 모습으로 변해가면서 성숙된 사랑의 모습을 발견할 수 있습니다.
칵테일, 댄스, 헤어 스타일 등등 전문 기술을 배우는 고등학교의 수업 형태가 우리나라에도 이런 학교가 있나 싶습니다.
바를 경영하는 선생님이 만들어주는 첫사랑의 기억에 관한 칵테일 장면에서 아름다운 첫사랑의 기억과 씁쓸한 첫사랑의 기억에 관한 이야기가 인상

깊습니다.

아픈 이별이 있을지라도 사랑할 수 있었던 만남과 같이 했던 기억이 아름답기에 행복할 수 있는 첫사랑의 기억은 그래서 더욱 사람들에게 오랫동안 잊혀지지 않는가 봅니다.

한때 정신없이 빠져 들었던 해를 품은 달에서도 첫사랑의 기억을 오랫동안 간직하며 아파했던 임금의 모습이 떠오릅니다.

순수한 만큼 더욱더 강하고 열정적이 될 수밖에 없는 첫사랑, 성경에서도 예수님을 향했던 그 뜨겁던 첫사랑의 열정을 되찾으라는 말이 있을 정도로 첫사랑은 강렬합니다.

지나간 세월 속에 누구에게나 있으리라 여겨지는 첫사랑의 기억들 가슴 뛰었던 순간들, 기억 속에 떠오르는 빛바랜 정경들 나이 들지 않은 모습 속에 조금은 철없었던 자신의 모습들을 봅니다.

진로 문제로 취업을 위해 여러 가지로 준비 중인 아이들은 누구 때문에 가슴을 두근거리고 자신의 시간을 할애하고 있을까?

부디 그들의 첫사랑은 아프지 않고 아름다운 기억으로 남아 있기를...

포공영

만남 속에 가슴 뛰는 사랑을 경험하고 같이 있기를 너무나 바라기 때문에 사람들은 연애를 하고 결혼을 합니다.

그러나 그 감정은 어려운 현실의 벽속에 얼마나 쉽게 허물어지는 것일까요?

부모의 이혼으로 억지로 헤어져야만 했던 쌍둥이 자매의 인생을 그려간 중국 드라마를 시청하고 있습니다.

두 남녀가 만나 가정을 꾸려나가게 되면서 이루어지는 가족이라는 새로운 인간관계 그 관계 속에 새로운 구성원이 생겨가면서 사람들은 부모가 됩니다.

그러나 가정이라는 울타리를 지켜가기 위해서는 서로를 배려하고 한 발자국씩 양보하는 희생이 필요합니다.

한 사람만의 일방적인 희생은 결국 그 가정을 행복하게 만들지 못 합니다.

어린 자녀가 있는 상태에서 하는 이혼은 당사자도 힘들게 하지만 언제나 가장 큰 상처를 받는 게 어린 자녀입니다.

어린 두 딸이 다시 엄마와 아빠는 사랑할 수 없는지 묻는 장면에서 가슴이 아팠습니다.

헤어진 부모가 다시 한 번 결합하여 행복했던 가족들로 돌아갈 수 있게 되기를 아이들은 소망합니다.

그러나 그 소망은 대부분 아픔과 실망으로 이어질 뿐입니다.

헤어져 있던 2년 동안 자신이 얼마나 학교에서 힘든 시간을 보냈느냐며 어린 아들은 벽을 치며 통곡하며 울었습니다.

왜 나는 이런 가정에 태어났을까 수없이 자살을 생각했다며 손으로 발로 머리로 온몸을 부딪치며 울부짖던 모습을 기억 속에서 잊을 수가 없습니다.

헤어짐의 직접적인 원인이 누구에게 있던 결국은 두 사람의 성숙되지 못한 인격과 이기심이 주위의 모든 사람을 아프게 합니다.

원치 않는 이별과 상실의 아픔, 그리고 돌아갈 수 없는 시절은 언제나 그리움과 안타까운 설움을 동반합니다.

오늘도 누군가는 사랑에 빠지고 그 사랑이 영원할 것처럼 행복해합니다. 그러나 슬프게도 이 세상에 영원한 것은 없습니다.

어느 땐가 그 사랑이 퇴색되어지고 현실 속에서 우리는 타협을 배우고 잊혀져간 잃어버린 시간을 그리워하고 합니다.

천산모설

누군가를 사랑하게 되고 빠져드는 감정은 참으로
제어하기 힘듭니다.

드라마는 주요 인물들 대부분이 아프고 슬픈 사랑
을 하게 되는 과정을 너무나 섬세하게 애절하게
그리고 있습니다.

아무리 갈망하고 노력해도 돌아보지 않는 남자를
바라보며 단지 곁에만 있어주길 바라는 여인의 눈
물을 봅니다.

사랑하는 사람이 힘든 처지에 있음에도 구해줄 수
없는 자신의 무력함에 아파하는 남자의 아픔이 있
습니다. 복수를 위해 선택한 일로 결국 자신이 아
파하고 헤어날 수 없는 늪에 빠져드는 한 남자의
번민을 봅니다.

자신보다는 주위 사람을 지키려고 자신을 희생하
며 아파했던 한 여인의 슬픔을 봅니다.

애절하고 구슬픈 드라마의 삽입곡처럼 이 드라마
에 등장하는 사람들의 사랑은 전부 아프고 힘든
사랑입니다. 특히 10년 동안 자신을 돌아보지도
않는 남자의 사랑을 갈망하며 끝없이 허무한 사랑
을 키워갔던 여인의 질투와 아픔이 그려지는 과정
을 떠올리며 왠지 인간을 질투한 악마 루시퍼가
머릿속에 떠올랐습니다.

최미적시광

연애 드라마에서 거의 빠지지 않고 전개되는 삼각
관계 특히 짝사랑에 관한 내용이 지루할 만큼 길
게 그려지고 있습니다.
그렇지만 미남 미녀들이 전개해 가는 사랑 이야기
는 중독성이 있습니다.
짝사랑은 상처받을 일이 없기에 좋다는 말을 들었
습니다.
그렇지만 자신을 돌아보지 않는 사람을 향한 안타
까운 사랑은 보는 사람마저 안타깝게 합니다.
누군가를 향한 사랑의 감정이나 이성적인 느낌은
누구도 강요할 수 없습니다.
어떤 순간에 우연히 느껴지는 감정을 아무리 노력
해도 생기지 않는 감정을 사람들은 조절할 수 없
기 때문입니다.
지금도 세계 곳곳에서는 사랑을 하는 많은 사람들
이 때로는 보답 받지 못 하는 사랑으로 아파하고
눈물짓겠지요?
잃어버린 사랑을 잊지 못해 멈춰 버린 시간 속에
괴로워하는 사람도 있겠지요?
삶은 짧고 행복한 순간은 순식간에 지나가기에 부
디 그들이 아픈 사랑에서 벗어나 새로운 사랑을
발견하게 되기를 바랍니다.

별애아

"별애아"라는 드라마는 시한부 인생을 살아가는 여주인공과 동화 삽화가의 사랑이야기가 그려집니다.

불사의 존재가 없는 현실에서 사람들은 죽음을 의식하지 않고 영원히 살 것처럼 살아갑니다.

그러나 그런 일상 속에 선고되는 여명 몇 개월의 의사의 말은 그 사람의 인생을 뿌리째 흔드는 커다란 충격이 됩니다.

죽음을 의식하는 순간부터 사람들의 삶은 대부분 180도로 바뀝니다.

정말로 중요한 가치며 우선순위가 바뀌게 됩니다.

감동 없이 살았던 순간순간을 정말로 귀한 보석처럼 살아가게 됩니다.

박 효진 장로는 우리 모두가 사형장의 사형수처럼 목에 보이지 않는 밧줄을 걸고 살아가고 있다고 했습니다.

누구의 목에나 걸려 있는 밧줄. 그 밧줄이 당겨지는 시간을 미리 알게 된 사람은 어떤 식으로 살아갈까요?

언젠가 누구나 맞이할 그 시간에 대비하여 부디 자신에게 주어진 현재의 시간을 지혜롭게 사용하길 바랍니다.

고고애상니

드라마 "고고애상니"에서는 슬픈 짝사랑을 하는 네 명의 인물이 나옵니다.

굳이 자신을 돌아보지도 않는 상대를 좋아한 탓에 많이 상처받지만 그 사람이 자신이란 존재를 돌아보기를 바라며 표현하는 그들의 사랑의 모습이 때로는 코믹하기도 하고 때로는 애처롭기도 합니다.

하나님이 사람을 창조하실 때 누구 한 사람 똑같이 만드시질 않았습니다. 그렇기 때문에 누군가를 사랑하게 되면 어느 누구도 그 사람을 대신할 수 없기에 짝사랑은 그만큼 아프나 봅니다.

또한 드라마가 전개되면서 사랑했던 사람들의 관계가 환경 탓으로 인해 소원해져가는 과정을 바라보며 공감을 하기도 하고 안타깝기도 합니다.

또 하나 불행한 가정환경에서 자란 여주인공의 아픔을 보며 비슷한 환경에서 고통당하는 사람들을 떠올리기도 했습니다.

대만에서도 한국처럼 유교 사상이 진하게 남아 있는 것 같습니다. 아무리 딸이 똑똑해도 부족한 아들을 더 선호하는 아버지가 많은 모양입니다. 부모의 인정과 칭찬을 받지 못 하고 자란 사람은 언제나 자신에 대해 자신이 없고 상처가 많아 사람들과 원만한 관계를 맺지 못하는 것은 아닐까요?

영화 감상

수적청춘불미망

드라마 중에는 공부를 잘하는 수재인 남주인공과
얼굴은 귀엽지만 공부를 못 하는 여주인공의 이야
기가 많습니다.
기억나는 것만 해도 "장난스런 키스"와 "만만희환
니"가 있습니다.
그런데 이번에 본 중국 영화는 반대로 전교 1등이
며 반장인 여주인공과 공부를 못 하며 늘 선생님
에게 꾸중만 듣는 남주인공이 나옵니다.
청화대 경영학과를 목표로 오직 공부만을 바라보
고 모든 것을 희생하며 사는 여주인공 임천교입니
다. 수업 중에 늘 잠만 자거나 존재감이 없는 학
생이 남주인공 고상입니다.
그 둘이 엮어지게 된 계기는 임천교가 커닝을 하
다가 커닝 페이퍼가 교실 바닥에 떨어지게 되고
범인으로 지목된 고상이 왜 그런지 선생님의 말을
그대로 인정하고 자기가 했다고 고백을 합니다.
전교 1등을 할 정도로 우수한 성적을 가지면서도
필연코 우수상을 손에 넣기 위해 커닝까지 하는
여주인공의 집념이 이해가 되지 않았습니다.
그렇지만 그녀를 그렇게 만든 게 어머니였습니다.
천문학을 너무 좋아하면서도 어머니의 반대로
늘 포기를 하며 살아가는 그녀의 모습이 안타까웠

습니다.

결국 그런 강하고 독선적인 어머니의 성격은
이혼으로 치닫고 딸의 공부를 위해 가면 부부로
살아가는 가정환경을 만들었습니다.

약점을 잡혀서 어쩔 수 없이 고상의 숙제를
대신 해 주면서 둘은 점점 더 친해지게 됩니다.

그러나 결국 고상이 학교를 그만 두고 떠나게 되
면서 둘은 헤어지게 됩니다.

한국이나 일본이나 경쟁 구도로 아이들을 몰아가
면서 다그치는 부모의 모습이 살벌하기까지 합니
다. 영화에서는 전혀 어울리지 않았던 두 사람이
뜻하지 않는 일로 인해 서로 엮이게 되면서 영향
을 받으며 결국 임천교는 용기를 내게 되고 천문
학자로서 성공적인 삶을 살게 되는 것으로 마무리
됩니다.

공부로만 모든 것이 평가되는 학교생활이지만
과연 학교의 우등생이 모두 행복하고 성공적인 삶
을 사는 것은 아닐 것입니다.

각자에게 주어진 재능과 좋아하는 것이 다르기에
꿈을 좇고 자신이 행복한 삶을 살아가는 게
가장 좋은 삶의 방향이라고 여겨집니다.

한 번뿐인 인생이기에 정말로 후회가 없는 삶을
살아가야 하지만 그런 삶을 살아가기가 쉽지 만은
않기에....

집으로 가는 길

중국어 공부를 겸해서 계속 삭제하지 않고
보고 있는 영화가 "집으로 가는 길"입니다.
중국어가 숙달되어져가고 있는지는 의문스럽지만
같은 영화를 몇 번이나 보기에 볼 때마다 또 다른
발견을 하곤 합니다.
이 영화는 무학의 시골 처녀와 한촌에 선생으로
부임한 사랑 이야기를 그리고 있습니다.
총각 선생님을 향한 시골 처녀의 지순한 사랑이
가슴을 울리지만 영화에는 또 다른 사랑도 그려
지고 있습니다.
학교를 짓는 마을 사람들에게 동네 아낙들이 점심
을 준비합니다.
총각 선생님이 행여나 먹기를 바라며 정성껏 식사
를 준비하거나 선생이 떠난 교실을 아름답게 꾸미
며 손질하는 여주인공의 사랑이 첫 번째입니다.
두 번째는 집으로 돌아가서 학교로 돌아오지 않는
총각 선생님을 그리워하는 딸을 보면서 여주인공
의 어머니가 비싼 돈을 지불하며 선생이 먹었던
청자 그릇을 수리해주는 사랑입니다.
세 번째는 눈보라 속에 행해진 장례식에 참석한
제자들의 사랑입니다.
돌아가면서 상여메기를 자처하고 선생의 죽음을

듣고 그들은 가까운 곳에서부터 먼 곳까지 달려왔습니다.

네 번째는 부모님의 바램을 이루어주기 위해 교단에서 수업을 했던 아들의 사랑입니다.

처음이자 마지막으로 아버지가 사용하던 교재를 가지고 평생 아버지가 섰던 교단에서 아들은 수업을 하고 고향을 떠나갑니다.

다섯 번째는 물지게를 뺏어드는 동네 총각으로 대표되는 시골 사람들의 사랑입니다.

글자를 알지 못 했던 시골 동네에 처음으로 온 선생님을 향해 매일 식사를 대접하고 그의 죽음을 슬퍼하며 장례식에 참석했던 사람들입니다.

이 영화는 가난했지만 마음이 따뜻하고 이웃에 대한 사랑과 정이 돈독했던 오래전 시절을 추억하며 그려졌습니다.

삶이 여유로워지고 살기 좋은 세상이 되었지만 갈수록 이기적이고 물질 만능주의로 변해가는 지금, 이제는 점점 더 잊혀져가는 돌아갈 수 없기에 더욱더 그리운 시절을 기념하고 있습니다.

소설에서는 산골에 부임해온 총각 선생과 그 아들의 입장에서 사건이 그려집니다.

연애 드라마가 아닌 산골 선생님으로 온 남자 주인공이 오래된 초등학교를 한 번 다시 짓고 두 번째 건축을 추진하다가 죽게 되는 과정을 그리고 있습니다.

곧은 성격에 자신이 가르치는 시골 초등학교를 돈도 권력도 명예도 추구하지 않고 평생을 바치다가 살아간 아버지의 삶과 그런 삶에 만족하지 못 하고 도회지에서 살아가는 아들이 느끼는 가치관의 비교와 고민을 그리고 있습니다.

영화에서는 우물가에서 두 남녀 주인공이 만나는 장면은 없지만 소설에서는 우물가에서 물을 길으며 사랑을 키워간 모습이 그려집니다.

글자를 모르는 어머니가 아버지를 통해 글자를 익혔다는 구절이 있을 뿐 전혀 둘의 사랑 이야기는 그려지지 않습니다.

그런 원작소설을 기초로 이런 연애 영화로 만들어 낸 감독이 대단합니다.

영화에서는 어머니의 주장으로 상여를 메고 동네로 돌아오는 장면도 소설에서는 제자들이 찾아와서 그렇게 장례를 치르자는 것으로 나옵니다.

가난했지만 시골 초등학교 선생으로 교장으로 고고하고 존경스런 삶을 살아간 한 남자의 삶을 그리고 있습니다.

그런 아버지의 모습이 존경스럽지만 그런 삶에 만족하지 못하는 아들의 갈등과 번민도 그려집니다.

연애 이야기를 기대하며 빌려본 소설이지만
영화와는 전혀 다른 전개에 놀라며 읽었습니다.

이런 소설을 가지고 전혀 다른 시각과 영상으로 만들어낸 영화, 하나의 이야기를 가지고 이토록 다른 또 하나의 이야기를 만들 수 있다니, 제2의 창작은 놀랍기만 합니다.

학교도 없는 산골 마을에 처음으로 부임한 20살 총각 선생님과 그 마을의 가장 미인이라는 18살 처녀의 사랑 이야기를 장 이모감독은 아름다운 자연의 풍광과 함께 그리고 있습니다.

지금은 세계적인 배우가 된 장 쯔이가 처음으로 영화 데뷔한 것으로 알고 있습니다.

타고난 미모를 가진 장 쯔이가 두툼한 웃옷과 몸뻬와 같은 옷차림으로 나와도 여전히 아름다웠던 영화입니다.

선생님이 수업 첫 시간에 낭독하는 목소리에 반해서 시골 처녀는 평생 그 목소리를 들으러 갑니다.

조금 아쉬운 것은 그 목소리를 자주 들을 수 없는 점입니다.

영화 처음부터 가장 많이 들려오는 목소리는 아버지의 죽음부터 부모님에 대한 회상이며 장례를 마치고 떠나기까지 아들 역 배우의 음성입니다.

산골 처녀의 사랑에 대한 올곧은 태도와 적극적인 행동이 결실을 이루고 한 남자의 마음을 움직였습니다.

첫사랑이 이뤄지고 오랜 세월을 행복하게 살았던

부부. 그러나 오래된 학교 건물을 다시 짓기 위해 기부금을 모으던 나이든 선생님인 남편은 눈보라 속에서 결국 지병으로 쓰러지게 됩니다.

첫사랑인 남편이 산골 아이들을 가르치기 위해 마차를 타고 온 길, 만날 수 없는 총각 선생님을 그리움을 안고 기다린 그 길로 이제는 오랜 세월 같이 살다 죽은 남편을 상여로 맞이하고 싶다고 할머니가 된 여인은 사람들에게 부탁합니다.

상여를 멜 사람도 부족한 현실 속에 힘들다고 말하는 촌장에게 아들은 어머니의 소원을 들어주기 위해 촌장을 설득합니다.

그리고 눈보라가 심한 어느 날 상여 행렬이 산골 마을로 들어오고 그 상여를 메는 사람들은 먼 거리에서도 일부러 찾아온 제자들이었습니다.

20살 어린 나이로 산골 마을의 선생님으로 부임한 총각 선생님, 그의 삶은 그만큼 사람들의 존경을 받는 삶이었나 봅니다.

아들을 자신과 같이 산골 마을의 선생으로 삼고 싶었던 부부의 소원은 안타깝게도 이뤄지지 못 했습니다.

그렇지만 아버지의 장례를 마치고 홀어머니를 산골 마을에 남겨둔 채 도시의 삶으로 돌아가는 날 아들은 부모님의 평생의 꿈이었던 아버지가 평생 서서 가르치던 교단에 서서 수업을 하게 됩니다.

어머니와 아버지를 위해서라는 이유로...

아버지가 산골 학교 교단에 서서 평생 사용했던 중국어 교과서는 자신이 쓴 시 였습니다.

남편이 떠난 뒤 두 번 다시 들을 수 없다고 여겼던 목소리가 들려오자 이제는 노인이 된 시골 아낙네는 그 목소리에 끌리듯이 학교를 찾아갑니다.

영원한 이별이 슬픈 이유는 좋아하는 사람의 얼굴을 볼 수도 목소리를 들을 수도 없는 것이겠지요.

시골 처녀가 사랑하게 된 총각 선생님, 그 선생님을 향한 시골 처녀의 일편단심 사랑의 모습이 장면 장면을 가득 채웁니다.

교사를 짓게 될 때는 각자 준비한 음식을 식사로 가져옵니다.

시골 처녀는 좋아하게 된 선생님이 먹기를 바라며 정성들여 음식을 만들고 집에서 가장 좋은 그릇에 담습니다.

조금이라도 가까이 하고 싶은 마음에 이제는 마을 사람들이 사용하지 않는 먼 거리 학교 근처의 우물에 물을 길러갑니다.

하교 후 멀리에서 학교에 오는 아이들을 배웅해 주는 선생님을 산길에서 기다리기도 합니다.

집으로 끌려간 후 돌아오지 않는 선생님을 하루 내내 기다리다 병이 나기도 하고 그 몸으로 기어

이 선생님을 찾아 나서기도 합니다.
빨간 옷에 어울릴 거라며 선물해준 머리핀을 잃고
몇날 며칠을 산길을 헤매기도 합니다.
사랑에 빠진 시골 처녀의 너무나 지극 정성인 모
습이 참으로 가슴을 뭉클하게 합니다.
결혼은 부모의 의견으로 했던 시절, 아직 자유연
애라는 개념도 없던 시절 시골 동네를 떠들썩하게
했던 연애 이야기입니다.
한국이며 영어 제목은 "집으로 가는 길"이라는 너
무나 평범하고 단순합니다.
그런데 일본에서는 "첫 사랑이 온 길"이라는 제목
으로 방영되었는데 대단히 낭만적인 느낌입니다.
이 영화를 보면서 느낀 점은 사랑을 하면 저토록
정성을 들이고 조금이라도 그 사람과 같이 있고
싶고, 보고 싶어하는 것이라는 것입니다.
글자도 못 읽는 산골 아가씨가 첫 눈에 반한 선생
님, 그리고 그 사랑을 하게 된 시골 처녀가 보여
주는 행동을 보며 사랑을 하면 저토록 상대방을
생각하며 조금이라도 그 곁에 있고 싶어 한다는
것을 깨달았습니다.
첫사랑, 그 뜨거운 사랑의 기억이 있는 사람은 늘
그 사랑을 기억하겠지요?

총총나년

영화는 고등학생 시절에 만나게 되어 좋아하게 된 연인의 슬픈 사랑 이야기입니다.

비극적인 사건 때문에 고등학교 때 전학 온 여주인공에게 첫눈에 반한 남자주인공,

그는 열심히 여주인공의 마음의 문을 두들깁니다.

마음의 문을 닫고 학교생활에도 적응하기 힘들어했던 여주인공도 조금씩 두꺼운 껍질을 깨고 나와서 둘은 사귀게 되고 즐거운 나날을 보내게 됩니다.

언제까지나 변하지 않을 듯 했던 그런 사랑의 감정도 대학에 가면서 조금씩 변해갑니다.

한번 상처받았기에 쉽게 주위사람들과 친하지 못하던 여주인공이 처음으로 마음을 주었던 남주인공이 대학에서 만난 여학생으로 인해 흔들리게 되고 둘 사이의 거리는 멀어지게 됩니다.

여주인공과 같은 대학에 입학하기 위해 일부러 고득점 할 문제까지 안 풀면서 점수대를 맞추어 같은 대학에 들어갈 정도로 좋아했던 첫사랑입니다.

그러나 그런 감정도 시간과 환경이 변해가면서 고등학교 시절의 순수했던 열정이 퇴색되어 갑니다.

여러 가지 엇갈림과 몇 번의 오해가 겹쳐지면서 남주인공의 마음이 변한 것을 보고 결국 자포자기

해버린 여주인공은 최악의 행동을 하게 되고 회복되지 못 할 아픔과 함께 둘은 헤어집니다.

십 여년이 흐른 어느 날 우연히 떠올리게 된 젊은 날의 첫사랑의 기억은 찬란했지만 한 때의 잘못으로 모든 것을 망치고 자책으로 살아가는 현재로 이어집니다.

영화에서는 여주인공의 여동생을 통해 재회의 여지와 새 출발의 가능성을 시사해 주고 있지만 현실적인 면에서는 헛된 희망에 불과할 것입니다.

첫사랑, 처음으로 느끼는 사랑의 감정은 너무나 순수하고 자신의 영혼을 장악해버립니다.

그 사랑의 감정은 영원히 변치 않으리라고 생각하고 몰두합니다.

그러나 그렇듯 뜨겁고 자신을 행복하게 했던 사랑의 감정이 얼마나 변하기 쉽고 부서지기 쉬운가를 잔잔하게 그린 영화입니다.

첫사랑은 이루어지지 못 한다는 말을 자주 듣습니다.

대부분 첫사랑은 이성에 눈 뜨기 시작한 어린 나이의 청소년 시절이나 대학에 입학해서 경험하지 않을까요?

정신적으로 미숙한 상태에서 만나기에 감정몰입하기 쉽지만 서로가 미숙하기에 그 사랑을 지키기가 쉽지 않은 것이겠지요?

나의 청춘은 너의 것

남자아이 중에서 특히 내성적이거나 여자아이 같은 성격의 사내애가 선머슴아 같은 여자아이를 좋아하는 경향이 있는 것 같습니다.

무뚝뚝하고 말이 없는 남자가 애교 있고 재잘거리는 여잘 좋아하듯이 자신에게는 없는 성질이나 경향의 사람에게 끌리도록 창조주가 인간을 그렇게 만들었는지도 모르겠습니다.

이 영화는 몇 개의 드라마를 혼합시킨 것과 같은 내용이었습니다.

"대홍모여소야랑", "봉래간", "만만희환니" 태국 영화 "첫사랑"이며 대만 영화 "총총나년"을 떠올렸습니다.

여주인공을 보기위해 여주인공의 잡화가게에 자주 가서 연필을 사는 장면은 "만만희환니"를, 같은 대학에 가기위해 시험 점수를 낮게 하는 내용은 "총총나년"을 떠올리게 했습니다.

태국 영화 "첫사랑"은 여주인공이 아름답게 변신하는 것으로 나오는데 이 영화에서는 남자 주인공이 이를 교정하고 안경을 벗고 자신에게 어울리는 옷차림을 하면서 멋있게 변신합니다.

남 주인공역을 맡은 배우는 중국에서 마남으로 소문난 송위룡이 맡았기에 설정 자체에 조금 무리가 있었습니다.

그렇지만 대륙의 미남도 촌스럽게 차리고 분장을 하니 그 미모가 별로 빛을 발하지 못 하는 것을 보고 역시 사람은 가꾸어야 한다는 생각을 했습니다. 자신에게 맞는 색깔과 디자인 그리고 머리 모양이 중요합니다.

거기에는 물론 몸매 관리도 **빼놓을** 수 없습니다.

송위룡이 워낙 잘 생겨서 같이 어울리는 여자 연기자를 찾는 게 쉬운 일이 아닐 것 같다는 생각도 듭니다.

지금까지 같이 공연한 여배우들은 모두 연상이었네요.

이 영화 속 장면 중에서 남자 주인공의 털 공포증에 대한 이야기를 보면서 중국 배우 양양을 좋아하는 여동생이지만 중국 남자 연기자 중에서 가장 잘 생긴 배우는 송위룡인 것 같다는 말을 했습니다.

정말로 잘 생기긴 잘 생겼네요.

어렸을 때 집에서 키우며 귀여워했던 닭때문에 생긴 털 공포증을 보면서 오래전 생각이 떠오릅니다.

큰 딸이 초등학생 시절 지역 축제에 놀러갔다가 병아리를 사 온 적이 있습니다.

비슷비슷하게 생겨서 도저히 구분이 되지 않았는

데 아이들은 네 마리 병아리를 이름을 짓고 잘도 확인을 했습니다.

보통은 며칠도 안 되어서 병아리들이 죽는 것으로 알고 있는 데 집에서 키운 이 닭들은 너무나 잘 자라서 나중에는 노른자가 두 개나 있는 큰 쌍둥이 달걀을 낳기도 했습니다.

닭이 없을 때는 여름마다 높게 자라는 풀 때문에 고생을 했습니다.

그런데 병아리들이 커가면서 나중에는 좁은 마당에 있는 풀을 다 뜯어먹었습니다.

그것도 부족해서 매화나무 윗가지까지 날아올라서 잎사귀까지 거의 전멸을 시켰습니다.

나중에는 사료 먹이고 키우는 것도 불편해져서 닭을 잡아서 먹기로 했습니다.

도저히 닭을 잡을 용기가 없어서 아는 사람에게 부탁을 했습니다.

4킬로가 넘게 큰 닭을 한 마리 집에서 잡아서 요리해서 먹었습니다. 생각보다 별로 맛은 없었습니다. 학교 다녀와서 그 사실을 알게 된 아이들이 울고불고 난리를 치며 "엄마는 야만인, 미개인 너무해"라며 엄청나게 항의를 들었던 기억이 납니다.

내가 집을 비운 사이 닭을 키울 수가 없어서 차를 타고 가서 어떤 목장에 몰래 버리고 왔다고 들었습니다.

너를 만난 여름

"너를 만난 여름"이란 제목으로 개봉된 영화는 "최호적아문"이라는 소설을 영화화한 것입니다.

2016년에 드라마로 만들어 진 것인데 2019년에 다시 영화로 제작되었나 봅니다.

드라마는 보지 않았는데 먼저 영화를 보게 되었습니다.

코로나 발생지로 유명해진 중국 우한을 무대로 하고 있습니다.

중국 우한은 전 세계를 공포로 몰아간 코로나덕분에 북경과 상해에 이어 세계인에게 잊지 못 할 지명으로 남을 것 같습니다.

남자 주인공은 중국 영화감독 첸카이거의 아들인 첸비우입니다.

드라마 "장야"에서 주인공으로 나왔던 배우입니다.

영화 속에서 여자 주인공과 너무 키가 차이가 나서 검색해 보니 188센티라고 나오네요.

요즘 중국 연예계에서 활동하고 있는 남자 연기자는 보통 180센티가 넘나 봅니다.

여자 주인공으로 나오는 연기자 하람두가 참 아름답습니다.

다른 출연작이 있나 검색해 보았더니 "결애"라는 드라마에서 아역으로 출연한 적이 있었습니다.

영화는 고등학교에 입학하면서 만나게 둔 경경과 위하이의 사랑 이야기입니다.

남자 주인공은 중국 유명대를 졸업하고 미국에 유학가고 나중에는 물리학자가 되고 싶다는 꿈을 갖고 있는 우등생 우하이입니다.

여자 주인공은 별로 공부를 잘 하지 못 하다가 고입 시험을 잘 치러서 운 좋게도 명문 고등학교에 입학하게 된 경경입니다.

학교 수업을 잘 따라가지 못 하는 경경을 짝이 된 우하이가 공부를 도와줍니다.

공부를 잘 하는 우하이는 학교에서도 선생들에게도 인기가 많습니다.

그러나 공부를 잘 하지 못 하고 말썽만 부리는 경경은 문제아 취급을 받습니다.

기나긴 인생길에서 공부라는 잣대로 모든 것을 평가하고 대접받는 학창 시절. 그 때가 가장 빛나던 시절이었던 게 우하이였습니다.

그러나 세월이 흘러 동창회 모임 때는 그것이 역전되어 있었습니다.

문제아로 공부도 잘 하지 못 했던 경경은 성공의 길을 걷고 있었습니다. 경경에게는 지금이 가장 빛나는 시절이 된 것입니다.

사랑하지만 가정 형편 때문에 경경의 옆에서 떠나야 했고 지금은 자신의 초라한 모습 때문에 경경의 앞에서 떳떳이 서지 못 하는 자신이 부끄럽기에 거짓으로 자신을 포장해야만 하는 우하이의 모습이 안타까웠습니다.

학교 우등생이 다 사회 우등생이 되는 것은 아니다 라는 말을 합니다.

동창회 때에 고급 자가용을 타고 와서 식사를 대접하는 사람은 누구일까요?

옛날 잘 나가던 우등생이 아니라 대부분 꼴통 짓을 하고 문제아 취급을 받던 공부를 별로 잘 하지 못 하던 사람들이 많습니다.

사회는 공부만으로는 평가할 수 없는 수많은 다른 요인이 어우러져 성공과 실패를 좌우하는 세상이기에 또 다른 가능성이 무궁무진하게 존재합니다.

인생에는 누구나 한 번쯤 가장 빛나는 시절이 있지 않을까요?

계절에 따라 피고 지는 시기가 다른 꽃처럼 누군가는 빨리 그 시기가 오고 누군가는 그 시기가 조금은 늦어지는 것인지도 모릅니다.

그러기에 지금 빛나는 시기를 살아가는 사람은 너무 교만하지 않아야 하고 아직 자신의 빛나는 시기를 맞이하지 못 한 사람은 그 때를 준비하며 희망을 가지고 살아야 하는 것인지도 모르겠습니다.

누구에게든지 언젠가는 자신만의 찬란한 때가 찾아옵니다.

양축겁접

서양에 "로미오와 줄리엣"이 있다면 중국에는 양산백과 축영대가 있는 느낌입니다.

비극적인 사랑. 비련은 그 사랑이 절절한 만큼 더욱 더 오래 기억됩니다.

한국에도 이런 비련의 이야기가 있는 지 계속 떠올려보아도 생각이 나지 않습니다.

"사의 찬미"의 윤 심덕의 사랑이 해당될는지...

지금은 연애결혼이 특별한 사람들의 일이 아닌 시대에 살고 있지만 부모의 선택으로 전혀 알 지 못하는 남녀가 부부가 되어야 하던 시대가 있었습니다.

딸은 가문을 위해 정략결혼을 하는 게 당연하던 시대에 살았던 사람들이 있습니다.

만남의 기회조차 거의 없었던 사람들, 그런 사람들이 쉽지 않은 사랑에 빠지게 되면 그것은 결국 아픈 이별과 상처밖에 남지 않았을 것입니다.

그런 시대 배경 탓에 실생활에서도 소설 속에서도 수많은 비극적인 사랑의 희생자들이 그려지고 만들어지지 않았을까요?

조선 시대에는 양반과 상놈이라는 신분 제도아래서 싹튼 사랑은 얼마나 많았을까요?

그리고 대부분 눈물을 머금고 그 사랑을 단념해야

했을 것입니다.

때로는 극단적인 선택으로 그 사랑을 지킨 연인들도 있었겠지요?

애니메이션, 영화, 연애 드라마에 빠져 지내면서 접하는 사랑 이야기는 연인들의 알콩달콩한 모습과 행동이 언제나 가슴을 설레게 합니다.

미남 미녀가 연기하며 그려내는 사랑 이야기는 언제 보아도 재미있습니다.

비극으로 끝난 사랑이야기로 오존이란 배우가 남자 주인공으로 나오는데 이 영화에서는 양산백과 축영대가 양중산과 축언지라는 이름으로 그려집니다.

내용은 대부분 비슷한 데 홍콩에서 만든 작품은 두 사람의 사랑보다는 검투 장면에 더 역점을 둔 느낌입니다.

사실적이며 극적으로 긴장감을 조성하지만 붉은 피가 난무하고 물건이 파괴되고 쫓고 쫓기는 장면이 끔찍하고 잔인하여 격투 장면에서는 고개를 돌렸습니다.

호가가 연기하는 마승은의 질문이 가슴 아픕니다.

어렸을 때부터 같이 자라오면서 사랑한 사람이 만나서 얼마 되지 않은 사람과 어떻게 그리 짧은 기간 안에 사랑을 할 수 있는 지, 그래서 자신의 사랑을 거부할 수 있는지, 그런 사실을 차마 믿을 수 없고 믿고 싶지 않은 심정이 안타깝습니다.

KBS 드라마 스페셜에서 "우리가 계절이라면"의 남
주인공의 입장이 영락없이 비슷한 상황이었기에
공감을 했습니다.

한국 드라마에서는 그 슬픈 현실에 가슴아파하면
서도 행복을 빌며 떠나보내는 사랑이 그려집니다.

그러나 중국의 오래된 고전은 거부당한 사랑을 용
납할 수 없기에 결국 협박과 강요로 여주인공을
몰아 부치게 되고 영화는 비극적인 결말로 치닫게
됩니다.

연애 드라마에서 단골로 등장하는 삼각관계, 거기
에는 언제나 짝사랑의 애잔함이 거절당한 사랑의
아픔이 함께 합니다.

이루어질 수 없었기에 더욱 기억에 남고 잊혀 지
지 않는 사랑. 떠올릴 때마다 어쩌면 아픔이 동반
할 수도 있습니다.

그렇지만 그런 사랑을 할 수 있고 그런 사람을 만
날 수 있었다는 것은 또 하나의 인생의 행운이 아
닐까요?

짝사랑을 할 수 있는 기회조차 얻을 수 없는 많은
평범한 인생도 많기에……

이 영화의 중국어 대사를 들으면서 너무 중국어
발음이 낯설어서 깜짝 놀랐습니다.

홍콩 영화라고 하는 데 이게 광동어인지…

궁

출연진 중에는 다른 중국 드라마에 출연해서 낯익은 얼굴도 몇몇 보였습니다.

조선 시대의 사극의 배경과도 비슷한 중국 궁궐에서 벌어지는 권력 암투와 음모 그리고 거기에 가미되어 그려지는 사랑 이야기는 시간이 가는 것을 잊을 정도로 재미있었습니다.

약속이 있어 외출해야하기에 그 시간까지 영화를 다 볼 수 있나 초조해지는 마음으로 노트북 화면을 응시했던 기억이 새삼스러워집니다.

궁녀로 뽑혀서 궁궐에 들어간 궁녀들 중에서 두 명의 소녀를 중심으로 그들과 인연을 맺게 된 황자들의 권력 암투와 함께 영화는 전개되어 갑니다.

순수했던 우정까지도 저버리고 권력을 탐한 여인의 슬픈 말로와 사랑을 위해 인고하는 여인의 헌신적인 사랑이 대조적입니다.

아름다운 음악과 함께 화려한 색상의 배경이 눈을 즐겁게 하는 영화입니다. 작년부터 "궁"의 주제곡을 중국어로 부르려고 도전중인데 쉽지가 않습니다. 자막이 중단된 중국 드라마를 보고 싶다는 일념으로 시작한 중국어 공부는 작년 한 해에 이어 올해도 계속 될 것 같습니다.

일개호파파

"일개호파파"라는 홍콩 영화를 참 재미있게 보았습니다.

조폭 세계의 두목까지 올라 간 한 남자가 사랑에 빠져 결혼을 하게 되면서 삶이 점점 생각지도 않은 방향으로 바뀌어 가는 모습이 코믹하게 때로는 진지하게 그려집니다.

가족 특히 끔찍이도 사랑하는 외동딸을 위해 익숙했던 삶의 많은 부정적인 요소들을 인내와 노력으로 바꾸어가는 모습이 안쓰럽기도 해서 공감을 불러일으킵니다.

조폭 세계라는 일반인들에게는 두려움의 대상이자 어둠의 세계를 살아가는 사람도 자식에 대한 부정이며 인간이 가진 감정은 별로 다르지 않음을 여실히 느끼게 합니다.

성경에도 너희 중에 아비 된 자 누가 아들이 생선을 달라 하면 생선 대신에 뱀을 주며 알을 달라 하면 전갈을 주겠느냐 너희가 악할 지라도 좋은 것을 자식에게 줄 줄 알거든 하물며 너희 천부께서 구하는 자에게 성령을 주시지 않겠느냐 하시니라라는 구절이 있습니다.

돈을 벌기 위해서는 불법적인 장사며 거래, 사회에 해를 끼치는 행동을 망설이지 않는 어둠의 세계에서 활약 했던 사람이 있습니다.

그가 사랑하는 딸을 위해 자신이 오랫동안 몸을 담았던 세계에서 빠져 나오기 위해 얼마나 많은 희생을 감수하는 지 참 감동적이었습니다.

사랑이란 것은 사랑하는 대상을 행복하기 위해 감수하는 희생과 대가만큼 그 사랑의 양을 판단할 수도 있지 않을까요?

사랑하는 아내를 기쁘게 하려고 사랑스런 딸의 미래를 위해 어둠의 세계가 아닌 빛의 세계를 걷기 위해 몸부림치고 결국 하나님을 만날 수 있게 된 한 사람의 여정을 참 감동적으로 표현한 좋은 영화였습니다.

부디 기독교가 개독교라는 모욕적인 단어가 정착되어 가는 한국에도 이런 영화가 만들어질 수 있는 토양이 만들어질 수 있게 되길 기도합니다.

작가의 말

이 책을 손에 들고 읽어내려가는 분들에게 감사드립니다. 흡족하고 좋은 만족한 만남이 되길 바라는 마음입니다.

아침에 눈을 뜨고 새로운 하루를 맞이하면서 똑같은 것처럼 느껴지는 삶이지만 어제와 같은 오늘, 오늘과 똑같은 내일은 없습니다.

일상 속에 느낀 여러 가지 일들을 일기처럼 적어간 글 속에서 영화며 드라마를 추려서 한 권의 책으로 엮었습니다.

지금은 텔레비전, 영화, 인터넷을 통해 수없이 쏟아지는 볼거리가 우리를 기다리고 있습니다.

삶 속에서 접하게 된 그 많은 드라마와 영화들, 아무리 그 감동이 강렬해도 기록으로 남기지 않으면 기억 속에서 거의 흔적도 없이 사라집니다.

그것이 아쉬워서 여운이 사라지기 전에 생각을 정리하고 느낌을 글로 남겼습니다.

각자의 기호와 취향이 다르고 여건과 기회에 따라 볼 수 있는 선택의 폭이 결정되겠지요?

책을 읽어보고 흥미를 느껴서 언젠가 여건이 허락된다면 감상해 보는 데 참고가 될 수 있길 기대합니다.

늘 행복하고 즐거운 하루하루가 되길 소망하며….

중국 드라마(영화)에 빠져서

인　쇄 : 2021년 3월 25일 초판 1쇄
발　행 : 2023년 4월 05일 초판 2쇄
지은이 : 오연자
펴낸이 : 오태영
출판사 : 진달래
신고 번호 : 제25100-2020-000085호
신고 일자 : 2020.10.29
주　소 : 서울시 구로구 부일로 985, 101호
전　화 : 02-2688-1561
팩　스 : 0504-200-1561
이메일 : 5morning@naver.com
인쇄소 : TECH D & P(마포구)
값 : 12,000원
ISBN : 979-11-972924-8-4